経営学の
要点を学べる
スケッチノート

ジェイソン・バロン｜著
関美和｜訳 星野佳路｜監訳

The Visual MBA

イラストレーターが
名門カレッジ2年間の
講義をまとめた

ダイヤモンド社

THE VISUAL MBA

by

Jason Barron

Published by special arrangement with

Houghton Mifflin Harcourt Publishing Company

through Tuttle-Mori Agency, Inc., Tokyo

監訳者はじめに

——

　世界には、「ビジネス」を「学問」として捉えて研究を行っている研究者が大勢いる。世界中のビジネスで起こっているさまざまな現象について統計的に見て、「なぜそうなっているのか」が探求され、「理論」として導き出される。それは、科学の世界と同様である。

　ビジネス理論の探究とは、企業が競争力を高めるための法則を見つけることである。研究者たちは、環境変化の影響を加味しながら一定の法則――「こういう条件がそろった場合に、競争力が高まり、収益力が上がる」という理論を打ち出し、論文として世に問う。その一部は出版され、多くのビジネスパーソンの参考とされる。本書でいえば、リーダーシップ、財務、マーケティング……といった個々の章ごとに研究者が常に多くの理論を構築しており、それらを体系的に学ぶのがMBAである。

　本書は、MBAの各科目の古典から最新理論に至る世界観を、イラストを中心にコンパクトにまとめ、今までになかったアプローチで表現している。だから、とても読みやすい

が、「とても浅く十分ではない」とも言える。しかし着目すべきは、そこに散りばめられている「ターミノロジー（特定分野の専門用語）」である。各章で扱っているテーマを概観し、必ず出てくるキーワードを簡単に把握できるので、より深く理解しようとする次のステップに進みやすくなるだろう。特に今からビジネス経験を積もうとする若い読者のみなさんには、MBAの世界に入る前の楽しいオリエンテーションになる一冊だ。私から読者のみなさんに伝えたい、各章の科目で俯瞰すべきポイントを書き添えた。

　私が発見した本書の活かし方を紹介しよう。今は、キーワードさえわかればWeb上にすべての情報がそろっている。たとえば、本書の中で気になるテーマや理論を見つけたら、その理論や提唱者をYouTube上で探してみて欲しい。私が留学した1980年代には考えられなかったことが可能になっている。提唱者本人が理論を語る動画にたどり着き、最高の講義を簡単に受けることができるのだ。学位そのものが年俸を上げることがない時代に、コストパフォーマンス最高の学び方としてお薦めしたい。

星野リゾート代表　星野佳路

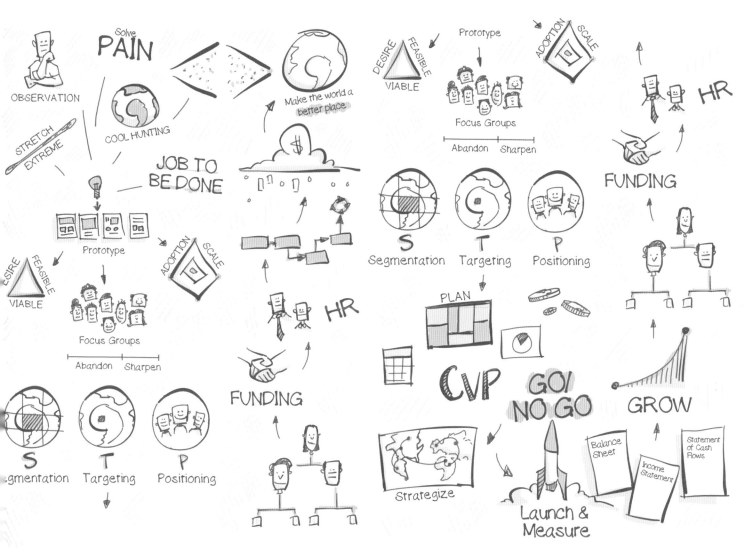

CONTENTS

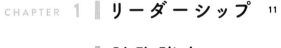

CHAPTER **1** | リーダーシップ 11

CHAPTER **2** | 財務諸表 21

CHAPTER **3** | 起業家的経営 33

CHAPTER **4** | 管理会計 43

CHAPTER **5** | お金の時間的価値 49

CHAPTER **6** | マーケティング 55

CHAPTER **7** | オペレーション・マネジメント 65

CHAPTER **8** | 戦略的人材管理 71

CHAPTER **9** | 交渉 79

CHAPTER **10** | 戦略 87

CHAPTER **11** ┃ ビジネス倫理 99

CHAPTER **12** ┃ 起業家的財務 105

CHAPTER **13** ┃ 判断と意思決定 119

CHAPTER **14** ┃ ゼネラル・マネジャーの役割 129

CHAPTER **15** ┃ 戦略的思考 143

CHAPTER **16** ┃ 創造性とイノベーション 151

CHAPTER **17** ┃ よいアイデアを出す方法 163

CHAPTER **18** ┃ 成果と報酬 179

CHAPTER **19** ┃ グローバル経営 187

CHAPTER **20** ┃ すべてを組み合わせる 193

はじめに

　この本は、ビジネス・スクールの2年間をぎゅっと凝縮して、わかりやすいイラストに詰め込んだ一冊だ。

　専門家によると、世の中の6割の人は主に視覚からものを学ぶらしい。それに、正直言って退屈な文章を読みたい人なんていない。この本ならMBAの授業の中で最も代表的で役に立つ概念をより速く、より効率的に、より簡単に理解し、吸収し、思い出すことができる。

　イラストについて、ここでひとこと説明しておこう。イラストレーターのマイク・ロードが「スケッチノート」という手法をはじめて以来ずっと、僕はマイクのファンだった。誰も（自分でさえ）読む気にならない長たらしい文章の替わりに、要点だけをビジュアル化した方がはるかに面白いし、あとあと役にも立つ。まさに「百聞は一見にしかず」というやつだ。

　ビジネス・スクールに入ってすぐ、僕はちょっとありえない目標を立てた。MBAのプログラムすべてを「スケッチノート」化することにしたんだ。すると思いがけないことが起きた。びっくりしたことに、めちゃめちゃ頭の切れる同級生たち（僕よりはるかに頭がいい）が、僕の作るスケッチノートにすごく興味を持ってくれた。

　今みなさんの目の前にあるのは、ブリガム・ヤング大学のマリオット・スクール・オブ・ビジネスで僕が学んだことをすべてスケッチノートにまとめたものだ。ビジネス・スクールに行ったことがない人（将来も行くことがない人）にも、すでに行ったことがある人にも、そして今勉強中の人にも読んでほしいと思って、この本を作った。どこのビジネス・スクールでも教わるような

教科ごとに章を分け、概念を理解しやすいように文章を添えた。

　みなさんのお好きに、中身を斜め読みしたり、飛ばしたり、じっくり没頭したりしてもらえればいい。この本を楽しんで、好奇心を持ち、何かを発見してもらえたらそれでいい。それができたら、みなさんもこの本を読んでよかったと思えるはずだ。

　さあ、それではゆったりと、リラックスして、楽しみながらMBAの知識をみなさんの（天才の）脳に注入してみよう。

著者からひとこと

　僕はみなさんがうらやましい。僕は86日も授業に出て、516時間にものぼる講義に耐え、山ほどの宿題を終わらせ、数万ドルもの授業料をなんとか捻出した。みなさんは、ほんのちょっとの値段で、自宅でくつろぎながら、そのすべてをこの本で学ぶことができる。なんて賢いビジネス判断だ。

　僕の名前はジェイソン・バロン。仕事はデザイナーだ。昔からいたずら描きが大好きで、子供の頃も授業中にしょっちゅう絵を描いていた。20年たった今も、あまり変わっていない。ただし、名門ブリガム・ヤング大学でMBAを取って、昔っからのいたずら描きのクセを仕事にしようと考えた。

　授業のたびに、教授の教えや、授業中や宿題で学んだ重要な概念をもとに、スケッチノートを描いていった。授業で教わったことのエッセンスをつかんで、複雑な講義を単純な概念に落とし込んだ。

　その集大成がこの本だ。この本はお金に換えられない価値がある。なぜなら、この本は、金の卵を産み続けるガチョウみたいなものだからだ。この本を楽しく、速く読んで記憶に残し、膨大な時間を節約しよう！

　もっと賢くなる準備はできたかな？（もしかすると、自力で天才になれるかも！）

　さあ、始めよう！

1 リーダーシップ

　マネジャーや経営者には「演技力」が求められる。自分が思う理想的なチームリーダー像＝キャラクターを作り上げて、役になりきり、「演じる」のである。チームのメンバーたちは、どんなときに、どんな気持ちで、何を考えて、この組織に貢献してくれるのかを理解したうえで、効果的なリーダーを自分がどのぐらい演じきれるかが、リーダーの条件になる。そういう腹づもりで読んでもらうと、本章の理解が深まるだろう。逆に言うと、誰もがよいマネジャー・経営者になる素質を持っている。自分の性格がマネジャーや経営者に向いているか／向いていないかが問題ではない。自分が考える、「効果的で正しいチームリーダー」の姿があるのであれば、それを演じ切る力こそ、マネジャー・経営者の能力なのである。　　　　　（星野）

リーダーシップは経営を超える。リーダーシップとは、ありのままの自分を出し、他者をやる気にさせることで変化を促し、よりよい結果を出すことだ。

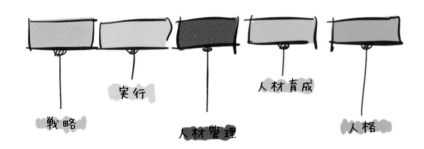

リーダーシップの基本

戦略
実行
人材管理
人材育成
人格

戦略
未来に向けたビジョンを作り、継続的な成功に向けて会社を位置づける

実行
戦略に基づいて結果を出せる組織の体制を構築する

人材管理
社員のやる気と熱意を上げ、コミュニケーションを図る

人材育成
社員を育てて未来のリーダーにする

人格
誠実に行動し、人間的な心の知性を発揮し、大胆に決断し、信頼を築く

どんな
リーダーとしての
ブランドを築きたい？

人からどんなふうに見られていますか？
あなたに会った人は、あなたについてどんな印象を
持ち、あなたをどう思うでしょう？
それがあなたというブランドです。

5段階方式で、ブランドを築き、結果を出す

1 **今後1年間に出したい結果をいくつかに絞る**

顧客、投資家、社員、そして組織全体にとって何がいいかをかならず考えよう。

2 **どんな人間として知られたいかを決める**

どんな結果によって、どのように人から見られたいかを考えよう。なりたい自分を説明する言葉を6つ選んでみよう。たとえば、謙虚、前向き、献身的などだ。

3 **言葉を組み合わせてブランドを定義する**

6つの言葉を2つずつ組み合わせて、3つのフレーズを作ってみよう。たとえば、謙虚で前向き、私欲がなく献身的などだ。

4 **リーダーとしてのブランド声明を作り、見直す**

「私は〇〇（出したい結果）を達成して、〇〇（3つのフレーズ）として知られたい」というブランド声明を作ったら、「これは本当の自分を表しているか？」「これがステークホルダーのために価値を生み出すことになるか」「リスクはあるか」と自問してみよう。

5 **現実的なものにする**

ほかの人にブランド声明を聞いてもらい、それがあなたの振る舞いと一致しているかを聞いてみて、調整を加えよう。あなたのブランドとは、あなたが交わす約束だ。だから、それを現実的なものにして、約束を果たしてほしい。

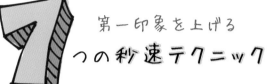

第一印象を上げる 7つの秒速テクニック

① 感じよさを意識する

② 背筋を伸ばす

③ 笑顔

④ 相手の目を見る

⑤ 眉尻を下げる

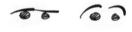

⑥ 握手する

⑦ 寄り添う

15

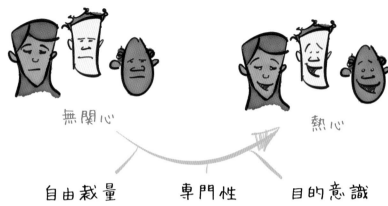

無関心　→　熱心

自由裁量　　専門性　　目的意識

やる気のない社員を、自分の頭で考え、専門性と目的意識を持った社員に変えよう。彼らに自由を与えよう。そして彼らが創造性を羽ばたかせ、専門分野のスキルを身につけ、仕事に目的を感じられるようにしよう。

仕事を楽しみたいなら、自分なりのスイートスポットを見つけることが必要だ。得意なこと（これは本当に上手だということ）と、やりたいこと（説明はいらないだろう）と、求められること（市場のニーズがあること）が重なった部分がスイートスポットだ。

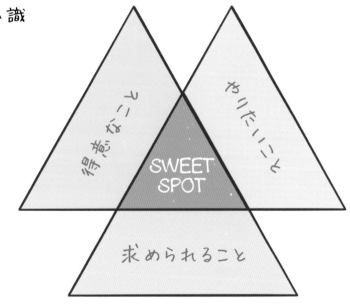

得意なこと　　やりたいこと　　SWEET SPOT　　求められること

職場の雰囲気が変わると
人も変わる

職場はどんな「匂い」がする？

人間はそう簡単には変わらない。だが環境を変えると人は変わりやすくなる。環境は文化を作る。

周りを見回してほしい。職場にはどんな「匂い」がするだろう？　堅苦しい？　規則が多い？　静か？　仕切りで周りが見えない？　死んでる感じ？　それがあなたの組織文化だ。職場の雰囲気を変えれば、文化が変わり、人も変わる。

多少のストレスは成果を上げる助けになるが、ストレスが大きすぎると成果が上がらなくなる。かならず休憩し、運動し、リラックスして、成果を維持しよう。

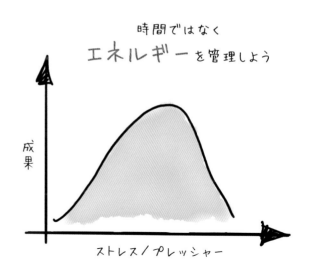

時間ではなく
エネルギーを管理しよう

成果

ストレス／プレッシャー

 **チームの生産性を上げる4つのC**

 ① コンテキスト（文脈）

環境はどうだろう？
雰囲気はどうだろう？

文脈とは、チームが働く場所の報酬制度、目標、文化、雰囲気、環境だ。

報酬

目標

② コンポジション（構成）

スキルと性格

構成とは、チームに誰がいるかや、仕事をやり遂げるためのメンバーのスキルと性格はどのようなものか、ということだ。チームがひとつになるような最適な人選は欠かせない。

③ コンピタンス（能力）

目標設定と成果

能力とは、メンバーのスキルを組み合わせて問題解決する力だ。適切な目標を設定し、チームのスキルを利用して目標を達成することだ。

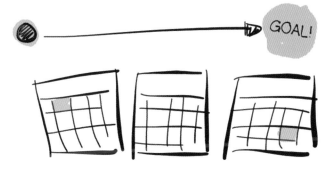

変化とは、激変する環境に適応しながら目標に向かう力だ。

④ チェンジ（変化）

適応力

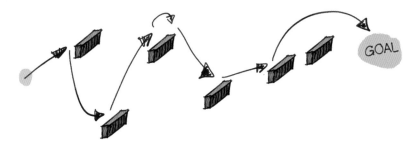

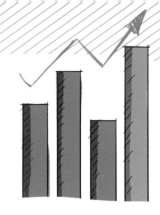

財 務 諸 表

CORPORATE FINANCIAL REPORTING

　教科書的に言えば、ある時点における会社の資産状態を表すのが「貸借対照表（BS）」、一定期間内の損益の結果を指すのが「損益計算書（PL）」、一定期間の現金の流れを表すのが「キャッシュフロー計算書」である。

　これらを、個人の財布に置き換えて考えてみよう。今月ギターを買ってしまったので通帳残高には5000円しか残っていない。ランチ代を切り詰めたりアルバイトをしたり、それでもどうしても足りない分は親から借りて今月は乗り切った。この金の出入りを表すのが「キャッシュフロー計算書」である。そして、預金残高はゼロになっていないけれど、実は友人にも飲み代を立て替えてもらっているといった借金を含めた資産状況を示すのが貸借対照表（BS）。さらに、購入したギターについても3年間使えると仮定し36分の1ずつ費用を計上して収益力を正しく表すのが損益計算書（PL）だ。

（星野）

損益計算書　貸借対照表　キャッシュフロー計算書

会計はビジネスの共通言語だ。自分の会社の業績がわからなければ、どうやって改善していいかもわかりようがない。この章で紹介するすべては、3つの財務諸表（財務三表）にまつわることだ。

さて、君がレモネード屋の新しい社長になったとしよう。商売を始めるのに、50ドルの借り入れが必要だ。屋台を20ドルで買って、30ドルは手元に置いた。

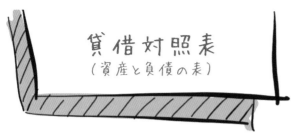

貸借対照表
（資産と負債の表）

資産と負債をある時点で切り取ると：

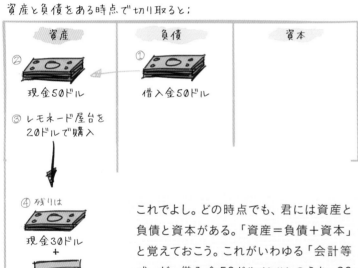

資産	負債	資本
② 現金50ドル	① 借入金50ドル	
③ レモネード屋台を20ドルで購入		
④ 残りは 現金30ドル ＋ Lemonade レモネード屋台 20ドル		

これでよし。どの時点でも、君には資産と負債と資本がある。「資産＝負債＋資本」と覚えておこう。これがいわゆる「会計等式」だ。借入金50ドル（負債）のうち、20ドルで屋台（資産）を買い、30ドルの現金（資産）が残っている。負債が50ドル、資産も50ドルだ。

会計等式

$$A = L + E$$

資産　　　負債　　　資本
　　　　（借入金）（株主資本）

$90

やった！　レモネードを売って90ドル稼いだ。さすが。すると貸借対照表は次のようになる。

貸借対照表とは、ある時点で切り取った財務状態を表すもので、君のビジネスにどれくらいの価値があるかを示すいい指標になる。

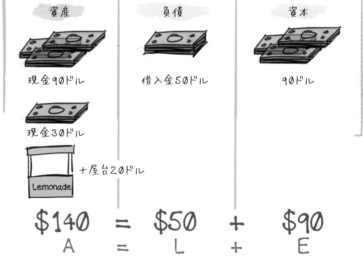

資産	負債	資本
現金90ドル	借入金50ドル	90ドル
現金30ドル		
＋屋台20ドル		

$$\$140 = \$50 + \$90$$
$$A = L + E$$

損益計算書
「利益と損失」または
「稼ぐ力」を示す

売上（収入）－ 費用 ＝ 利益

売上

売上高	$90
売上原価	$20
売上総利益	$70

70ドル／90ドル＝77%（粗利益率）

営業費用

広告費	$3
営業利益	$67

67ドル／90ドル＝74%（営業利益率）

その他費用

税金	$2
金利	$1
純利益	$64

64ドル／90ドル＝71%（純利益率）

そうそう。90ドルの売上をあげるには、レモン
と砂糖とカップの原価20ドルがかかっている。
すると売上総利益（粗利益）は70ドルだ。経費
もいくらかかかっている。それを引くと、営業利
益、つまりEBIT（利払前税引前利益）は67ドルに
なる。税金と金利を引くと純利益は64ドルだ。

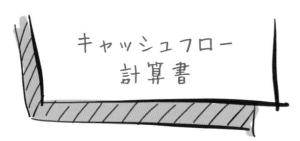

キャッシュフロー
計算書

入ってくるものと出ていくものがある

① 営業活動によるキャッシュフロー 〜〜〜 営業活動からの
　　＋ 製品販売　　　　　　　　　　　ネットキャッシュは、
　　− 在庫　　　　　　　　　　　　　現金利益
　　− 賃金
　　− その他

② 投資活動によるキャッシュフロー
　　＋ 資産売却
　　− 資産購入

現金は何も
生み出さない資産

③ 財務活動によるキャッシュフロー
　　＋ 新株発行
　　＋ 借り入れ
　　− 借入金返済

使った方がいい

資産を買おう

流入

流出

危機が起きてから
対策を考えるのでは遅い
危機の前に必要なもの

目標 ➡ 計画 ➡ 評価 ➡ 調整

診断する or 比較する

百分率財務諸表（割合で表した財務諸表）は、過去からの業績推移を見る場合や、同業他社を比較する場合に役に立つ。すべての項目を売上対比で表して、違いを見てみるといい。

収入		当年	前年
売上	$90	100%	67%
売上原価	$20	(22%)	(33%)
売上総利益	$70	78%	33%

70ドル／90ドル＝77%（粗利益率）

営業費用			
一般管理費	$3	(3%)	(2%)
営業利益	$67	74%	31%

67ドル／90ドル＝74%（営業利益率）

その他費用			
税金	$2	(2%)	(1%)
金利	$1	(1%)	(1%)
純利益	$64	71%	28%

PRO FORMA プロフォーマ

「プロフォーマ」とは、「未来がどうなるか」をちょっとカッコよく言い換えてみた言葉だ。要するに、売上の増加に基づく予想数字だ。財務諸表の中で売上に左右される数字をすべて見てほしい。たとえば、売上が増えれば、売上原価も一般管理費も増える。

売上が20%増えたら、純利益はどうなる?

では先ほどの例を見てみよう。原価は売上の22%で一般管理費は3%だ。90ドルの売上が20%増えると（108ドル）、108ドルのうちの22%と3%（それぞれ売上原価と一般管理費）がいくらになるかは計算できる。

収入		プロフォーマ
売上	$90	$108
売上原価	$20	$24
売上総利益	$70	$84

営業費用		
一般管理費	$3	$3.6
営業利益	$67	$80.4

その他費用		
税金	$2	$2.4
金利	$1	$1.2
純利益	$64	$76.8

財務レシオ

　財務レシオは過去と現在を比べたり、問題を診断したり、同業他社と比較するのに使うことができる。
よく使う財務レシオをいくつか紹介しよう。

負債資本倍率（DEレシオ）
財務レバレッジ：借金でどのくらいの資産を賄っているか　…………● 有利子負債 ÷ 株主資本

流動比率
流動性：短期負債を返済する能力がどのくらいあるか。
この比率が高ければ高いほど、短期負債の返済能力が高い。　…………● 流動資産 ÷ 流動負債

自己資本利益率（ROE）
株主が投資した資金からどのくらい利益が生み出されているか　…………● 純利益 ÷ 自己（株主）資本（％）

売上高純利益率
どのくらい効率よく費用をコントロールして利益を創出しているか。
この比率が高ければ高いほど効率がいい。　…………● 純利益 ÷ 売上高（％）

DUPONT FRAMEWORK

デュポン分析

デュポン分析とは、3つの計算式を使って企業の強みと弱みを明らかにし、それぞれがROEにどう影響しているかを見る方法だ。

$$ROE = 売上高純利益率$$
$$\left(\frac{純利益}{売上高} \right)$$

$$X$$

$$総資産回転率$$
$$\left(\frac{売上高}{総資産} \right)$$

$$X$$

$$財務レバレッジ$$
$$\left(\frac{総資産}{株主資本} \right)$$

株式の仕組み

レモネード屋を始めるにあたって、この会社の株数を100株とした。そしてビジネスパートナーを1人引き入れて、それぞれ20株ずつ保有することにした。この時点で、どちらもそれぞれ会社の20%を所有していることになる。では、この会社の価値が204ドルだとすると、1株当たりどれだけの価値があるだろう?

企業価値:204ドル(純利益64ドル+資産140ドル)
204ドル/100株=1株当たり2.04ドル

それぞれの持ち分
　1株当たり
2.04ドル×20株=40.8ドル

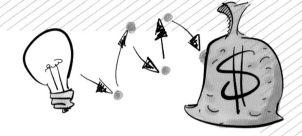

3 起業家的経営

ENTREPRENEURIAL
MANAGEMENT

　本章では、不便さや悩みといった「痛み（PAIN）」を起点として、商品・サービスを作り上げていく手法について、マーケティング的観点からまとめてある。起業を成し遂げるには、それだけでは十分ではない。最も大事なことは、問題解決を通じた社会的価値に対する使命感や、それが好きかどうかという情熱にもとづく「起業家精神」が不可欠である。起業のリスクは大きく、生存するためにはいくつもの予測不可能な山を越えなければならず、そのときに自分を支えるのが使命感や情熱だ。『競争戦略論』などで著名な経営学者マイケル・ポーター教授らが、営利の追求と社会的な価値の追求は両立するとして、2011年に「CSV（Creating Shared Value: 共有価値の創造）」という新たな概念を提唱したことも押さえておきたい。

（星野）

未知の問題を
解決する
＋
未知の解決策を
見つける

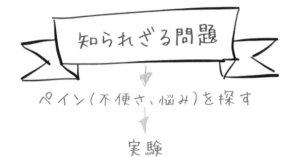

知られざる問題

↓

ペイン（不便さ、悩み）を探す

↓

実験

実験をしてみよう。まず、知っていることから始める。次に、知らないことは何かを見つける（疑問や仮説）。実験を組み立て、実行し、学び、優れたプロダクトができるまで、何度もそれを繰り返す。

起業家的経営とは、これまでになかった手法（イノベーション）を使って、知られざる問題（ペイン：不便さや悩み）を解消することだ。

知られざる悩みを解決するカギは、ペインを発見することだ。正しい解決策を見つけ出すには実験が必要になる。

「賢い試行錯誤は、
ひとりの天才の計画にまさる」
—— ピーター・スキルマン
IDEO社長

スタート！

知っていることは
何だろう？

知らないことは
何だろう？

結論

実験

結果

実験を
デザインする

実験を
おこなう

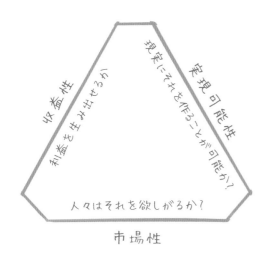

ペイン

PAIN

人々が時間やお金を使っても
解決したい不便さや悩み

深刻な

人々の悩みを
探し続けよう

アイデアには収益性、実現可能性、市場性の3つが必要になる。そのうち1つでも足りないと、出だしでつまずいてしまう。

ペイン（不便さ、悩み）はイノベーションの核になる要素だ。周囲を見回して、その場しのぎの対策で間に合わせていることがないかを考えよう。その悩みが深ければ深いほど、チャンスは大きい。

企業価値：204ドル（純利益64ドル＋資産140ドル）
204ドル／100株＝1株当たり2.04ドル

商品・サービスの価格、効能、使いやす
さ、手に入れやすさのバランスが取れてい
なければ、たくさんの人に使ってもらえな
い。これらすべての要素で優れていれば、
より多くの人に使ってもらえるようになる。

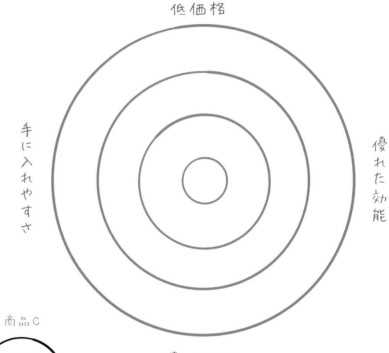

利用規模

低価格

手に入れやすさ

優れた効能

使いやすさ

商品 A

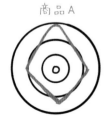

商品 B

商品 C

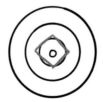

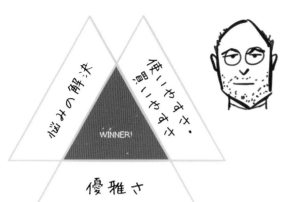

WINNER!

悩みの解決

使いやすさ・習いやすさ

優雅さ

「シンプルさこそ、
究極の洗練だ」
スティーブ・ジョブズ

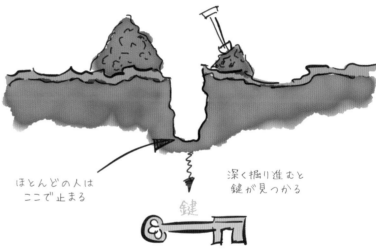

ほとんどの人は
ここで止まる

深く掘り進むと
鍵が見つかる

鍵

（問題の根底にある原則）

「問題を発見して、それがすごく単純に見え、解決策も単純に見つけられると感じたら、それは問題の複雑さが本当に理解できてないということだ。その問題を深く調べてみると、本当に複雑であることに気づく。すると複雑な解決策ばかりを思いつく。そこでほとんどの人は考えることをやめる。しかし、真に偉大な人は、さらに考えを進めて解決の鍵を見つける。それが、問題の根底にある原則だ。すると、美しく優雅な解決策にたどり着く」スティーブ・ジョブズ　（スティーブン・レヴィ『iPodは何を変えたのか？』）

問題の核心を解決するシンプルな答えは、

ELEGANCE である
「優雅さ」

すべての悩みを解決する必要はない

あまり金にならないことや、人々がそれほど悩んでいないことに対して、最高の解決策を思いつくことがあるかもしれない。でも、できるだけおカネになるような、未解決の悩みを探したほうがいい。

最もカネになる悩み
（一番高い山）
の解決に君の力を使おう

$$$

$$$

収益モデルを描こう

活動　　収益

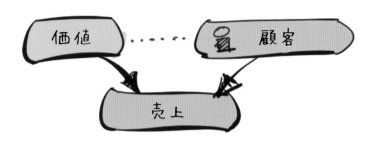

どうしたら売上を最大化できるかを図解しよう。どの活動とどの顧客が収益をもたらすかを発見しよう。そして、売上の障害になりそうな問題点を探そう。

 価格

聞いてみよう：あなたならこれにいくら払いますか？

毎月（毎年）何回なら、この値段を払いますか？

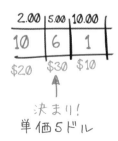

2.00	5.00	10.00
10	6	1
$20	$30	$10

決まり！
単価5ドル

新しい商品・サービスを創るうえで最も重要な要素のひとつが価格だ。安くしすぎるとおカネを取り損ねる。高くしすぎると、顧客を失う。ちょうどいい価格を見つけることが大切だ。最適な価格を見つけるのに一番いいのは、顧客に聞いてみることだ。

39

共感する

問題を
定義する

アイデアを
出す

試作品を
作る

実際に
試す

このイノベーションのプロセスは、スタンフォードのd.schoolから生まれた。これは新しいイノベーションを発見し、検証する手っとり早い方法だ。

ウォルト・ディズニーは、テーマパークを建設中に、子供の視点でパークを見るためにひざまずいていた。ユーザーや顧客の世界を理解し、彼らのニーズに応える商品や体験を作り出すのに、共感は欠かせない。

共感する

例：
「猛暑の中で芝刈りをしている
人の苦労をやわらげるには、
どうしたらいいだろう？」

問題を
定義する

共感したことの中から、どの問題に目をつけて解決したらいいかを決めよう。その問題の定義を書き出してみよう。

アイデアを
出す

解決すべき問題を念頭に置いて、アイデアを出してみよう。アイデアはたくさんあればあるほどいい。

試作品を
作る

アイデアを選抜し、試作品を作ってみよう。ガムテープと模造紙を使った簡単なものでいい。この試作品は、ユーザーにアイデアを試すだけのためだ。きちんとしたものでなくてもいい。

実際に
試す

LEMONADE

$1

ターゲット層に近い人たちを見つけて、試作品を試してみよう。どこがうまくいっただろう？　どこがうまくいかなかっただろう？　何を学んだだろう？　その学びを心に留めて、アイデア創出→試作品作り→ユーザー実験を繰り返そう。

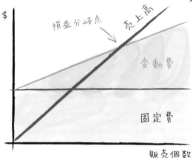

CHAPTER
一
4
管理会計
MANAGERIAL ACCOUNTING

第2章の財務会計はどちらかと言えば対外的に企業の収益力・財務状況を表現する方法であるのに対し、この章の管理会計はマネジャー・経営者の日々の経営判断に有用な概念だ。ただし、最も重要で有名な構造図が載っていないので補足しておきたい。CVP Analysisと呼ばれ、右上図の構造が頻繁に出てくるので理解しておこう。これに倣い、本章で扱われているレモネード屋のケースの損益分岐点について、自分で図解してみよう（答えは48ページ）。 （星野）

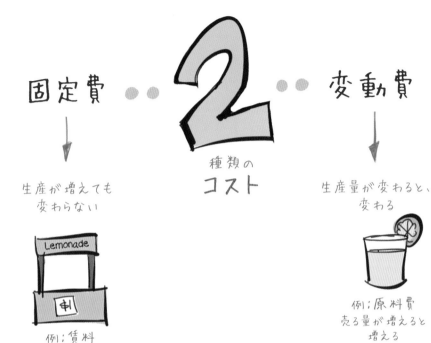

固定費 ··· **2** ··· 変動費

種類の
コスト

生産が増えても
変わらない

生産量が変わると、
変わる

例；賃料
10ドル

例；原料費
売る量が増えると
増える
1杯当たり75セント

外部に発表する企業会計と違って、管理会計は、社内で意思決定の参考にするために使うものだ。

固定費と変動費は性質が違うので、別々に管理し、ごっちゃにしてはいけない。賃料の10ドルは変わらないが、レモネードがたくさん売れれば、変動費（も利益も）も増える。

「CVP分析」、損益分岐点と聞くと難しそうに聞こえるが、実は単純。販売価格から1杯当たりの費用を引き、予想販売個（杯）数を掛ける。この分析は費用の増減が営業利益と純利益にどう影響するかを見るのに役立つ。

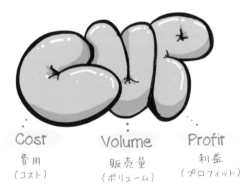

Cost
費用
（コスト）

Volume
販売量
（ボリューム）

Profit
利益
（プロフィット）

Revenue - Cost = Contribution Margin

売上 （Sales）　変動費　　限界利益（貢献利益）

- -

「限界利益」も何だか難しそうに聞こえるが、固定費（この場合はレモネードの屋台）を賄うための1杯当たりの利益のことだ。

- -

さて、レモネード1杯を1ドルで売っているとしよう。砂糖とレモンの費用は1杯当たり75セントだ。すると、残った25セントが、10ドルの賃料支払いに「貢献」できる。

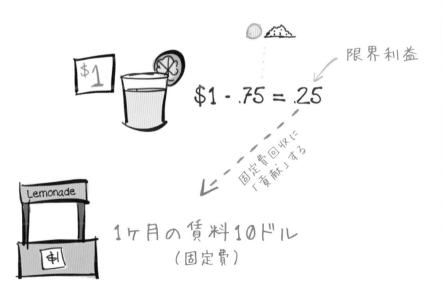

限界利益

$$\$1 - .75 = .25$$

固定費回収に「貢献」する

1ヶ月の賃料10ドル
（固定費）

ここからがいよいよ面白くなる。君は商売の計画を立てながら、こう思うことだろう。
「屋台の借り賃に10ドルかかるのに、レモネード1杯の値段は1ドルで利益はたった25セント。
レモネードを何杯売れば賃料を賄える?」

$$\$10 \; / \; (\$1 - .75) = 40 \text{ 杯で損益分岐点に到達}$$

よしわかった! これで先に進める。レモネードを160杯
売ったとすると、変動費(1杯当たりの費用X販売数)は120
ドルになる(75セントX160杯)。残り(40ドルの利益)から
固定費を引くと30ドルの利益になる。やった!

今日は160杯売った!

$$(\$160 - \$120) - \$10 = \$30 \text{ の利益}$$

160 x $1　　160 x $.75　　固定費

GOALS

月に1000ドルの利益

$$\frac{\text{固定費 ＋ 目標利益}}{\text{限界利益}}$$

$$\frac{\$10 + 1000}{.25} = 4,040 \text{ 杯}$$

ABC
活動　　基準　　原価計算

ABCを使って間接費を理解しよう

- 電気代 - $5
- 維持費 - $2　　｝間接費$8
- 清掃費 - $1
- その他

普通に事業を行う中で発生する間接費を理解するために重要なのが、活動基準原価計算だ。この分析によって、何にどれだけの費用がかかっているかを明らかにし、どの活動を続けたらいいかを判断する助けにできる。

管理プロセスとは、読んで字のごとし。計画し、コントロールし、評価することで、意思決定を助ける手法だ。

管理プロセス

意思決定

計画する
-損益分岐点分析
-業務予算

コントロールする
-活動基準原価計算

評価する
-投資リターン

47

レモネード屋のケース

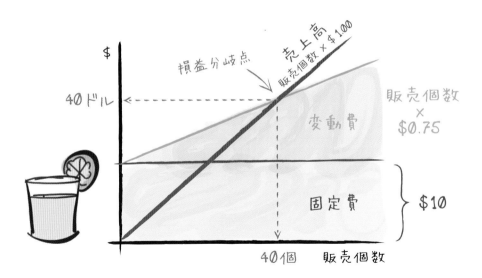

売上高
販売個数 × $1.00

損益分岐点

40ドル

販売個数
×
$0.75

変動費

固定費　　$10

40個　　販売個数

$

5

お金の
時間的価値

BUSINESS FINANCE

　今すぐ100ドルもらうか、5年後に105ドルもらうか、選べるとしたらあなたはどうする？ 銀行口座に預けると年1%の利息がつくならば、どちらが得だろうか？　答えは……今100ドルもらうほうが得だ。銀行に預けると金利がついて5年後には105.1ドルになる。つまり、5年後に105ドルをもらうより0.1ドル得というわけだ。しかも、将来受け取る場合は、それ自体にリスクがある。相手が本当にくれるかわからないし、経済状況が変わって運用に失敗するかもしれない。投資判断をするときには、将来の不確実性によるリスク（割引率）を織り込み、将来もらう予定の金額を現在の価値に変換する必要がある。　　　　（星野）

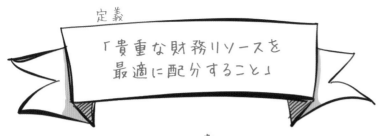

「貴重な財務リソースを
最適に配分すること」

資本の調達・分配・活用が最適でなければ、
天然資源、労働力、イノベーションの効率が
下がる。この章では、最適な資本分配につい
て考えてみよう。

国家の豊かさ

F（天然資源、労働力、イノベーション、資本）

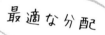

最適な分配

OPTIMAL
DEPLOYMENT

資本をどう使うべきか？

① 使うか使わないかの判断

② 資産購入と売却

③ 運営効率

資本の回転

$ CAPITAL $ CHAIN

純利益

資本

資産

商品/
サービス

売上

買う

作る

売る

稼ぐ

資本の回転のはじまりは資本を使って資産を買うことだ。その資産を使って商品・サービスを作り、売上を生み出し、利益を上げる。財務レシオを見れば、資本をどれほど効率的に回しているかが分析できる。

現金は？

資産の価値は、それがどのくらい役立っているかで決まる。

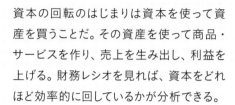

未来のキャッシュフローに価値がある

銀行に置いておくだけでは価値がない

すべてのモノとサービスは時間の影響を受ける。未来のキャッシュフローには価値があるが、その価値は時間によって変わる。今の100ドルと、5年後に受け取る100ドルでは価値が違う。この計算を次に見ていこう。

おカネの時間価値

5年後に1000ドルもらうためには今いくら投資すればいいか？

一見難しそうに見えるが、実は超カンタン。今1000ドルもらうのと、5年後に1000ドルもらうのは違うということは直感的にわかるはず。この現金で、できることはたくさんある（株式に投資するなど）。ということは、5年後の1000ドルは今の価値にするとどれくらいになるだろう？

1000ドルより少ないことは確か

では、いくら？

現金をほかの何かに投資してリターンを得ることはできるが、損をするリスクも計算に入れなければならない。それが「割引率（r）」に反映される（今回は4%としたが、好きな数字を使ってみるといい）。

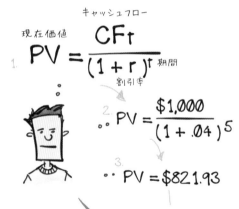

現在価値　キャッシュフロー

$$1. \quad PV = \frac{CF_t}{(1+r)^t} \text{期間}$$

割引率

$$2. \quad PV = \frac{\$1,000}{(1+.04)^5}$$

$$3. \quad PV = \$821.93$$

821ドル投資すればいい（それが5年後の1000ドルと同じ価値）

もしそれより少ない金額（たとえば700ドル）を投資して5年後に1000ドル受け取れば、121.93ドル得をする（現在価値はプラス）

$$PV = \frac{CF_t}{(1+r)^t}$$

現在価値
(これを計算したい)

この期間の
キャッシュフローの合計。
今回は5年で1000ドル。

期間

割引率
リスク

リスクが高いほど、
割引率は高い

$2,000

庭仕事の商売のために、
この芝刈り機を買った方がいいか？

この計算式にしたがって、将来のキャッシュフローを見ていくと、2000ドルを芝刈り機に投資したほうがいいかどうかがわかる。

では、もう少し細かく分解してみよう。計算したいのは現在価値 (今この瞬間の価値) だ。CFt (t年後のキャッシュフロー) とは、未来におけるキャッシュフローの合計で、この場合は1000ドル。(1+r) とは年利が4%という意味だ。tは5年後。

さあ、どうだ！　これで現在価値が計算できる。

(2,000)

年次	年間キャッシュフロー		現在価値
1	1,000	--▶	$1,000 / (1 + 10\%)^1 = 909.09$
2	1,000	--▶	$1,000 / (1 + 10\%)^2 = 826.45$
3	1,000	--▶	$1,000 / (1 + 10\%)^3 = 751.31$
4	1,000	--▶	$1,000 / (1 + 10\%)^4 = 683.01$
5	1,000	--▶	$1,000 / (1 + 10\%)^5 = 620.92$

$3,790.79

BUY
買ったほうがいい

(2,000)

$1,790.79

6

マーケティング

MARKETING

　マーケティングは、この分野の世界的権威であるフィリップ・コトラー教授（ケロッグビジネススクール）を中心に学問として体系化された。マーケティングのことを「営業」「販売」と狭義にとらえる向きがあるが、本来、マーケティングとは「市場を創造し育てることだ」とコトラー教授は語っている。ぜひ『コトラーのマーケティング・マネジメント』（ピアソン・エデュケーション）を読んでもらいたい。また、マーケティングの一環として1980年代に登場したのがブランディングの概念だ。ときに「ブランド＝高級品」という誤解が見受けられるが、すべての固有名詞はブランドであり、この分野の権威であるデービッド・アーカー教授は「ブランドは情報の束である」と語っている。たとえば「マクドナルド」というブランド名を聞くだけで「ハンバーガー」「ファーストフード」「黄色いＭマーク」などさまざまな情報を思い浮かべられる。このように「情報の束」が厚く広く知られているほど、ブランドが強いことになる。ブランディングについて学びたい方は、アーカー教授の『ブランド・エクイティ戦略』（ダイヤモンド社）をぜひ一読してほしい。

（星野）

STP

セグメント

誰に売り込めるか

ターゲット

誰に売り込むべきか

ポジション

どう位置付けたら
頭と心に響くか
ターゲットの価値観に合わせて
位置付ける

マーケティングとは、商品・サービスを売り込むことだ。まずはじめの心得は、万人に向けて何かを売り込むことはできない、ということだ。売り込める市場を分類し、ひとつの層にターゲットを絞り、プロダクトを位置づけよう。

あなたの顧客は誰だろう？
顧客でないのは誰だろう？

マーケティングで一番難しいのはここだ。すべての人に売り込みたくなるものだが、万人に売り込もうとすると訴求力が落ちて、誰にも振り向かれなくなる。ターゲットに集中し、それを狙って位置づけをおこなおう。

セグメンテーション（顧客分類）が
マーケティングの肝

売り込まなくて
いい人たち
これに答えられたら、
大ホームラン

ウォルマートは万人向けか？
違う

低価格を求める人だけ

57

地球の全人口

顕在市場
（現在の顧客）

潜在市場（あなたの商品・サービスに
興味のありそうな人たち）

ターゲット市場
（あなたが売り込みたい顧客）

手の届く市場（あなたの商品・サービス
を買うお金のある人たち）

売り込み可能な市場
（あなたの商品・サービスを実際に
買いそうな人たち）

最も価値ある
ターゲットを分類

顧客分類とターゲティングは次のようにやるといい。全世界の人にユーザーになってほしいのはやまやまだが、それは絶対に無理だ。むしろ、潜在市場に目を向け、そこから実際にユーザーになってもらえる市場を見つけよう。その市場を分類し、最も価値のある潜在顧客にターゲットを絞ろう。

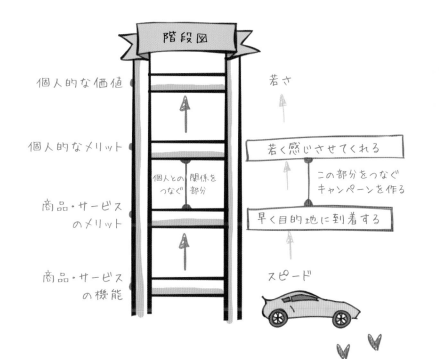

階段図を使うと、ターゲットとプロダクトのつながりが見えてきて、どのようなマーケティング素材を作ったらいいかの参考になる。

あなたの商品・サービスのファンに、何が好きなのか（特定の機能や特徴）、なぜ好きなのか（プロダクトのメリット）、どうしてそれが大切なのか（個人的なメリット）、なぜそれが高い個人的な価値をもたらすのかを聞いてみよう。プロダクトと個人のメリットが交差する点に魔法がある。

ファンの視点から見ることで、どうマーケティング材料を位置付けたらいいかがわかり、同時に浮動層を顧客に引き込むことも狙える。

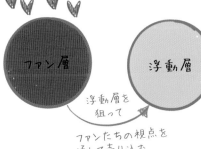

ここでレモネード屋を例にとり、ファンたちに話を聞いてみよう。右のような階段状の「階層的価値マップ」ができるだろう。返答のパターンに気づいたら、その言葉を太字にして、個人的な橋渡しになるものに注目しよう。

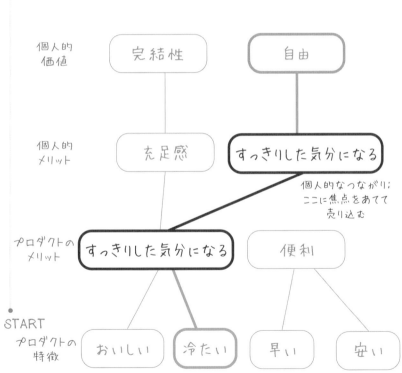

私たちのレモネードの何が好きですか？

個人的価値	完結性	自由
個人的メリット	充足感	すっきりした気分になる
		個人的なつながり;ここに焦点をあてて売り込む
プロダクトのメリット	すっきりした気分になる	便利
START プロダクトの特徴	おいしい　冷たい	早い　安い

ペイン
それはどんな問題を
解決するか

期待以上
使用状況に目を向けて
期待を超える

証明する
百聞は一見にしかず

LITMUS TEST FOR

NEW IDEAS

定量化
その主張を裏付ける
ファクトや数字

独自のプロダクト
の特徴

新しいアイデアを形にして売り込むとき、かならずここに書いたようなリトマス試験に合格しよう。多角的に見ればそれだけ、切り口が鋭くなる。自分のアイデアがいいものかどうか見極めるには、潜在ユーザーに買ってくれるかどうか、または、いくらなら買ってくれるかを聞くのが一番だ。

独自性

価値

聞いてみよう
「これを買うかどうかを
10段階評価で教えて下さい」
7.5 より高ければヒットの可能性あり

ブランド
BRAND
さまざまな接触点から
形作られる印象の総和

ウェブサイト
広告
メール
顧客サービス

接触点を管理することによって
ブランドを管理する

「ブランド」とはロゴでも、グラフィックでもスローガンでもない。それらはブランドを身近にする手助けにはなるが、ブランドはもっと深い。顧客にどんな印象を残しているだろう？　彼らとの接触点はどこだろう？

ブランディングに
欠かせないこと

3 BRANDING
ESSENTIALS

① 顧客の共感を得る
② ライバルと差別化する
③ 社員をやる気にする

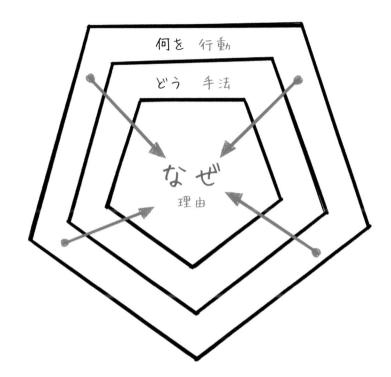

何を： 子供に幸せをもたらす

どう： おもちゃを作ることで

なぜ： 子供は私たちの未来であり、暗いことの多い世界の
中で全員に笑顔になってほしいから

世の中は「何を」「どう」やるかに注目するものだと思いがちだが、実は違う。人が気にかけるのは、「なぜ」やるのかだ。「なぜ」こそが、自分たちが本当は何者かを示し、それがブランド哲学になり、すべての判断の支柱になる。「この判断は、私たちのコア哲学に合っているか」を自問しよう。もし違っていたら、やめよう。

ブランド哲学
BRAND MANTRA
私たちは本当は
何者なのか

オペレーション・マネジメント

　生産・販売工程の無駄をなくし、生産性を高める——それが、オペレーション・マネジメントである。現代の経営においては、あらゆる業種において生産性の向上や効率化が進んだため、オペレーション・マネジメントが優れているだけでは競争優位の差別化要因とはならない。この状態を経営学者マイケル・ポーターは「生産性のフロンティア」として、競争のスタートラインに立つ必要条件でしかなく、この点に注力するだけでは企業は生き残れない、と説いた。たとえば自動車で言えば、どのメーカーの車であっても、スピードが遅い、エアコンが効かない、安全性に問題がある、ということはない。また、30年前とは違って現代では街でおいしくないカレーを探すのは困難になった。おいしいカレーを提供することは決定的な競争優位には至らない時代になったということだ。

（星野）

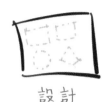 

設計　　　　管理　　　　改善

オペレーション・マネジメント (業務管理) は 3 つの要素に分けられる。企業は一連の活動を設計し、管理し、改善することによって商品やサービスを作り出し、顧客にそれを届ける。

新しい仕事をはじめたり、新しい責任を任されても、ひるむ必要はない。落ち着いて、工程を書き出そう。複雑な部分を見つけて、単純にしよう。

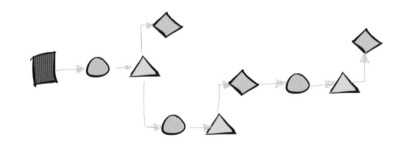

プロセス　分析

① 現在の業務を理解する

② その成果を理解する

③ 顧客が求める成果を理解する

成果
PERFORMANCE

生産能力
CAPACITY

単位時間当たりの最大生産量
（1時間当たりピザ100枚）

稼働率
EFFICIENCY

稼働率。1日通常8時間働く社員が100人いるとする。全体で700時間しか稼働していないとすると、稼働率は87.5パーセント。

$700 \div (100 \times 8) = 87.5\%$

オペレーション・マネジメントの鍵になる用語
KEY TERMS

リードタイム：注文が入ってからプロダクトを顧客に届けるまでの時間

スループット：一定時間内に生産できるプロダクトの量

サイクルタイム：工程の最初から最後までにかかる時間

生産能力：プロセスから生み出される単位時間当たりの最大生産量

稼働率：事業の成果を測る基準。持てるリソースを最適に活用しているかどうか。

ボトルネック：一連の工程中でスピードが遅く、全体の能力を低下させてしまうような部分

67

君のレモネード屋さんは効率よく運営されている?
工程を調べて、チェックしてみよう。

単位＝　　　1杯

スループット＝1杯に2分50秒

ボトルネック＝　　レモン絞り2分

生産能力＝12分10秒で5杯

原材料

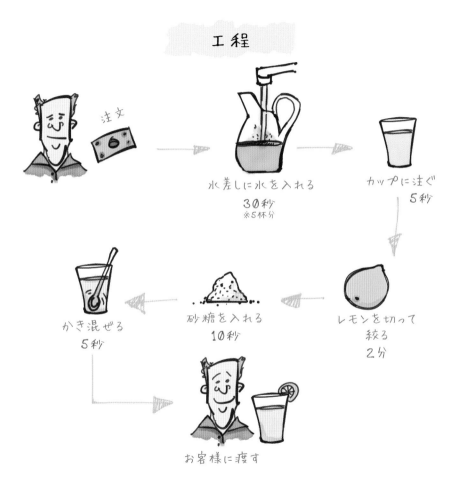

工程

注文

水差しに水を入れる
30秒
※5杯分

カップに注ぐ
5秒

レモンを切って
絞る
2分

砂糖を入れる
10秒

かき混ぜる
5秒

お客様に渡す

水差しの水はカップ5杯分なので、5杯ごとに一度水差しを補充しなければならない。飛ぶように売れていれば、一度に5杯ずつ作っておくこともできる。

サイクルタイムを短縮するか、ボトルネックを取り除かない限り、1バッチ（水差し1杯＝レモネード5杯）作るのに12分10秒（30秒＋1杯当たり2分20秒×5杯）かかる。もっと人を雇わなければ、これが最大限の生産能力だ。

さて、普通は1時間に5バッチ（25杯）生産できるとすれば、ここから稼働率を計算できる。もし、この1時間に17杯しか生産できなかったとしたら、稼働率は68%（17／25）だ。

これは単純な例だが、どんなことでも同じ原則があてはまる。落ち着いて工程を分析し、改善点を見つけ、改善していくといい。

8 戦略的人材管理

STRATEGIC HUMAN RESOURCE
MANAGEMENT

　人材管理は、近年大きく変化した経営テーマである。一昔前までは、仕事のやる気を出すのは社員個人の責任とされた。「やる気のない社員は評価を下げるぞ」などと言えたのだ。しかし、近代経営においては、社員にやる気を出してもらう責任は経営者にあると捉えられるようになった。それに伴って、経営者・リーダーに問われる能力も180度転換し、その評価制度も変貌した。以前は財務やマーケティングなどに秀でて実績を積んだ人が経営者・リーダーになったが、昨今はチームメンバーのモチベーションを上げるためのリーダーシップやファシリテーション、コーチングの能力も問われるようになっている。チームメンバーのモチベーションを高めるスキルをより深く知りたい方は、リーダーシップの権威であるケン・ブランチャード著『社員の力で最高のチームをつくる　＜新版＞１分間エンパワーメント』（ダイヤモンド社）をはじめとする"１分間シリーズ"をお薦めする。　　　　　　　　　　　　　　　　　　（星野）

問題

企業の問題のほとんどは、元をたどると人材またはより深い組織の問題にたどりつく。人事の水準を上げると、事業全体も良くなる。人の管理をシステム化することで、ばらつきを減らし、精度を高めることはできる。

人的資本

人的資本を作る土台

採用

誰しも考えに偏りがある

● 勘で決めると失敗する

● 相性がいい「気がする」と採用する

● 自分たちと同じような人を採用する

採用を**体系化**したほうがいい

先入観の入らないような面接と採用の形を考える
（僕はこの採用方法でうまくいった！）

体系化された採用
SYSTEMATIC HRING

1. 採用の目的を明確にする

2. 仕事の定義を決める

3. 仕事の中身を決める

4. 仕事の優先順位を決める

5. 必要なスキルや能力をはっきりさせる
　　（例：業務管理能力）

6. 行動や考えを問う質問を作り、答えを評価する
　　（例：業務プロセスを作ったときの
　　経験について教えて下さい）

加重平均を取る　優先順位に従って

	メモリ	スキル	アイン
業務プロセス	5	3	1
リーダーシップ	2	5	1
問題解決	2	5	2

平均

7. 採用、入社

8. 人事評価

知識経済における仕事の
ほとんどは、裁量労働だ。

社員のやる気が
なければ
仕事は片付かない。

では、どうやって社員をやる気にさせたらいい？
MPS（モチベーティング・ポテンシャル・スコア：モチベーションが引き出される度合い）を測り、自分たちを評価してみよう。社員のやる気がどのくらい引き出されているかが、このスコアでわかる。

MPS

モチベーションが引き出される度合い
1-7ポイント（最大343）

MPS＝（（技能多様性＋タスク完結性＋タスク重要性）÷3）
✕自律性✕フィードバック

改善度合いを見る

入社
WELCOME!

退社
GOODBYE

離職率
TURN OVER

コスト：給与の93〜200パーセント

・年間離職率・

退職者数 / その期間の平均従業員数 ✕ 12 / その期間の月数

ハーズバーグ の 動機づけ衛生理論

HERZBERG'S
MOTIVATION-HYGIENE THEORY

動機づけ要因

達成

承認

スキルに合った仕事と充実感

責任

昇進

衛生要因

障害となる企業方針

行き過ぎた監督

失業不安

意義の感じられない仕事

潜在能力の高い人材を追跡し
育成する

成果管理
PERFORMANCE
MANAGEMENT

成果＝

能力　×　やる気　×　機会
- 研修　　　　- インセンティブ　- 支援
　　　　　　　　　　　　　　　　- 役割の明確化
　　　　　　　　　　　　　　　　- 追加的な責任

 成果への期待値を設定する

 結果を測る

 フィードバックを与える

 報酬を与えるか、修正を加える

チームの成功要因

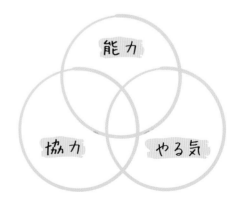

能力

協力

やる気

構成
- チームのスキル
- やる気
- チームの大きさ

↓

チームの成果

文脈
- チームの必要性
- 求められるチームの種類
- チーム文化

変化
成果を追跡し
改善する力

能力
問題解決
コミュニケーション
意思決定
紛争処理
イノベーション
といったチームの能力

もし抵抗にあったら、感情に訴えよう。理屈（ロジック）とは、象（感情）に乗っている人のような存在だ。どこに向かうかを決めるのは誰なのかを考えてみるといい。

CHAPTER

9 交渉

BUSINESS NEGOTIATIONS

　相手から安値を言われ、高値をぶつけて、中間の価格で落ち着く──その程度のやりとりは「交渉」とは言えない。のるか反るか、という重要なビジネス交渉はそう頻繁にはないだろうが、大一番がきたときに重要なのは「決裂への覚悟」である。決裂時のシナリオを計算し、決裂してもよいと思える代替案を持ち、腹を決められるかどうか。交渉の準備とはその覚悟であって、細かな説得ストーリーを考えることではない。かつて海外の重要なパートナーとの提携交渉で、半分予想していたとおり決裂し、「Good Luck!」と言われ握手して帰国してきたが、次の日に電話があり「そちらの条件でいいからやろう」と言われたことがある。覚悟を持ったときに初めて、提携の価値に説得力が出てくる。次の日に電話がなかったら、その次の日にこちらから電話して譲ることも、常にオプションに入れておきたい。

（星野）

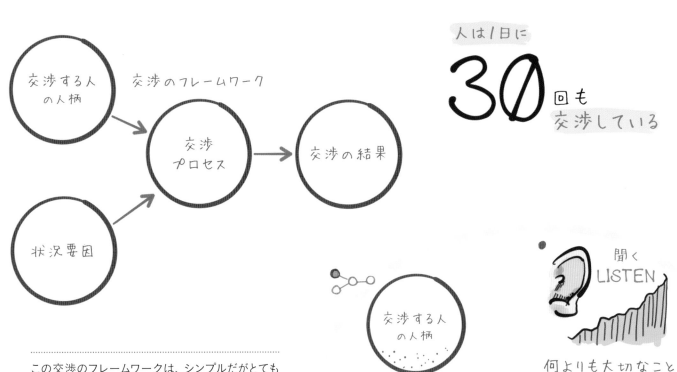

交渉する人
の人柄

交渉のフレームワーク

交渉
プロセス

交渉の結果

状況要因

この交渉のフレームワークは、シンプルだがとても
効果的だ。このフレームワークを使って、自分の
欲しい結果を手に入れよう。

人は1日に

30回も
交渉している

交渉する人
の人柄

聞く
LISTEN

何よりも大切なこと

対人スキル

フクロウは
交渉の達人

- 聞く
- 観察する
- 質問する

チームの助けを
上手に借りる

人付き合いがうまい

交渉力の素

① 法的な力
- 裁判官
- 警察官

② 見返りや強制の力
- 希少なリソース

③ 専門能力
- スキル
- 知識

④ 人脈の力
- 「〇〇さんに頼まれた」
- 外交官

⑤ 個人の力
- 魅力
- カリスマ性
- 政治力

褒め言葉は安上がりで効果大

人々にどう見られたい？

✓ 公平で正直
✓ 物知りで準備を怠らない
✓ 決裂の覚悟がある

3 CRITICAL ATTRIBUTES

交渉に欠かせない
3つの資質

- 気性が安定している
- 自制心がある
- 聞き上手である

LISTEN
聞く

TALK
話す

説得の3要素

1. 力
   - 準備
   - 専門性
   - 人間性

2. 信頼
   - 「わかりません」と言える
   - 「正しい」結果を求める

3. 魅力
   - 伝えたい内容
   - 伝える人
     - 聞く
     - 信頼を築く
     - 注意する

ひとりだけと
恋に落ちない

二人と恋に落ちる

交渉力のカギは
合意に向けた最善の選択肢
にあり

状況要因

- 目標（売り手と買い手）
- 興味
- 状況（時間と場所）

要求と選択肢の表（力）
要求

	多い	少ない
多い		たくさん仕事の オファーがあるが、 今ひとつに 決めなくてもいい
選択肢 少ない	仕事のオファーが ひとつだけで、 ほかに道がない	

MOVE

この中で一番交渉力が強いのは、選択肢が多く要求の少ない人たちだ。交渉の際に、力のある立場に自分を置くにはどうしたらいいだろう？　相手のほうが力が強い場合に、どう対応したらいいだろう？

交渉
プロセス

CRITICAL

交渉前にロールプレイで
練習してみよう
（電話でもいい）
力関係が変わる
両サイドの役割を
ロールプレイしてみる
相手の頭の中を読む

達人のアドバイス：

最初に切り出す言葉を
事前に書き出しておく

$5,000

1

もし安値を
切り出されたら

その中間に
落ち着く

3

$20,000

2

高値を要求する

「お金の話を早く切り出すほど、
手に入る金額は下がる」

このペンは月への飛行に
使われ、地球に戻ってきた

認知操作 (アンカリング)：
まず最初に説明してから、
結論を出す

たった8000ドル

交渉の原則

1 人と問題を
切り離す

2 立場ではなく
利益に目を向ける

3 お互いの得になるような
選択肢を探す

4 公平な基準と
手続きをとる

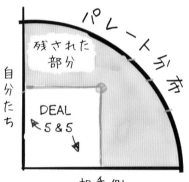

パレート分布

残された
部分

自分たち

DEAL
5&5

相手側

情報を得て、お互いにとって
パレート分布の面積が
広がるようにしよう。

上手な交渉は
直線的に進まない

様子を見ながら

巧みに

自分の持っていきたい 方向に

誘導する

欲しいものを事前に
確認することが大切
（書き出してみよう）

①目標は何か？

何よりもまず、目標をはっきりと認識することが大切だ。正しいことをしたいのか、それとも幸せな結婚生活を送りたいのか？　両方は追いかけられないこともある。

②交渉している相手は誰か？

交渉相手をよく知り理解すればするほど、交渉に成功する可能性は高くなる。相手はどんな「皮算用」をしているか？　彼らの心配事は何だろう？　彼らの夢と希望はどんなことだろう？

③段階的な計画はどのようなものか？

一歩一歩、段階的に勝ちを収めていくほうが、最初から一気に目標に飛びつくよりもうまくいく。

10 戦略

　私の中で「戦略」というのは、戦いそのものではなく、「戦う前の準備」を指す。市場競争でどう戦うかではなく、どういう戦いになるかを予想して、いざ戦う時に有利になるために何をしておくべきかだ。織田信長が戦国時代の競争の中で台頭した背景には、鉄砲隊の充実があった。この場合の戦略は、鉄砲をそろえることではなく、鉄砲を買い集める資金をどう集めるかである。この章に出てくる「低コスト戦略」にしても、低コストがいいというのは決まりきっているわけで、問題となるのは、どうやって低コストで顧客満足度を得られる商品やサービスを提供できるかである。マイケル・ポーター教授の「戦略とは何か」という論文はそれを理解するうえで秀逸だ。

（星野）

THE 5 COMPETITIVE FORCES THAT SHARE STRATEGY

競争戦略の5つの力（ファイブフォース分析）

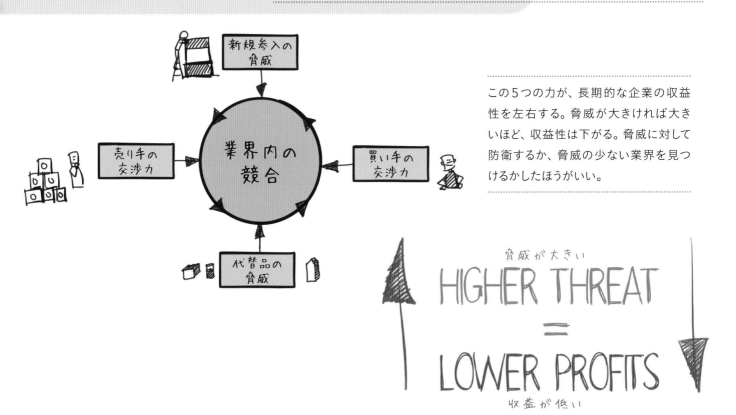

新規参入の脅威

売り手の交渉力

業界内の競合

買い手の交渉力

代替品の脅威

この5つの力が、長期的な企業の収益性を左右する。脅威が大きければ大きいほど、収益性は下がる。脅威に対して防衛するか、脅威の少ない業界を見つけるかしたほうがいい。

脅威が大きい
HIGHER THREAT
=
LOWER PROFITS
収益が低い

ライバルとは違うやり方で商売する

差別化要因

＋

ファンがいる

ハーモンの
スーパーマーケット

高品質高価格

限られた層に
訴求

一般的な広告は
効果なし

差別化要因を見つけて狙った顧客層に訴求すれば、ライバル会社の広告は効果を失う。顧客が自然に自分たちを選んでしまうような、あっと驚く何かを提供しよう。

ライバルたちとは違う活動を
意図的に提供し、
独自の価値を届けよう

- 商売のやり方を改善する
- これまでとは違う活動を提供する

靴の販売
あっと驚く顧客サービス

ライバル

顧客や市場のニーズ/欲求を満たすような

異なるやり方を見つける

どんな商品でも、どんな企業でも

差別化できる

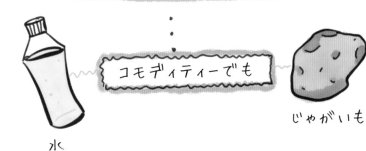

コモディティーでも

水

じゃがいも

差別化に必要なのは創造性だ。周囲を見回して、対象になる何かを見つけてみよう。もしそれを販売するとしたら、どう差別化するだろう？
農作物や日用品などコモディティーでさえ差別化できるなら、何でも差別化できるはずだ。

差別化要因

顧客をよく知ると、
際立った差別化要因が
見つかる

顧客のニーズを満たす

イメージ	美しさ	安全性	社会貢献
欲望	ステータス	品質	信頼性
癒やし	スタイル	サービス	ノスタルジー
清潔さ	嗜好	正確さ	所属感

コーラ　　　ペプシ　　　シャスタ

 VS.  VS.

ほとんどの人は
違いがわからない

違いがわからないなら、
どう差別化する？

HAPPINESS

ターゲット層に訴求する

新しいコーラを
既存のライバル製品と
どう差別化する？

ヒント：味ではない

競争要因は
商品そのものではない

業界構造が大切 →

完全競争？
（5つの力が最大）
避けた方がいい

競争する場合、人々が
「なぜ」それを買うのかを
理解すべき

HARLEY

機能の優れた
オートバイを作っても
顧客は増えない
顧客はライフスタイルを
買っている

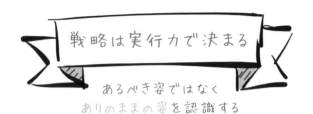

戦略は実行力で決まる

あるべき姿ではなく
ありのままの姿を認識する

南北戦争のゲティスバーグの戦いで、南軍の
戦略は北軍に優っていたが、新しい状況を
認識せず適応できなかった。その結果は？
皆さんもご存じの通りだ。

低コスト戦略

低価格でなくてもいい
高価格を打ち出して
コストを低く抑える
こともできる

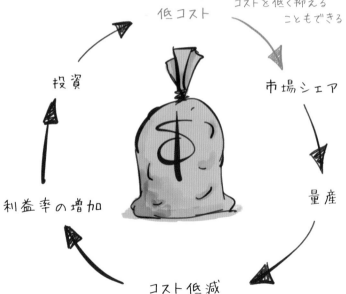

低コスト

投資

市場シェア

利益率の増加

量産

コスト低減

サウスウェスト航空

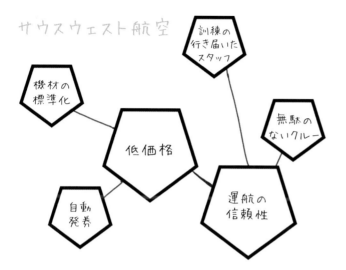

さまざまな活動がコアの差別化要因につながると、戦略的優位性が生み出される。サウスウェスト航空は、自動発券と機材の標準化により、低価格を実現しながら、無駄のない訓練の行き届いたスタッフを使って運航の信頼性を確保した。

どうしたら自分の会社を
ディズニーのようにできるだろう？
それこそが戦略だ。

プロダクト、マーケティング、
ポジショニング、
顧客サービスなどなど
∥
魔法のような総合的体験

顧客がその会社やプロダクトに
情熱を燃やし、
ライバルには目もくれず、
競争がない状態

競合分析 →

ゲームと同じ
プレーヤー：あなたとライバル会社
行動：新規市場への参入
商品：トランポリン
製造コスト：1台当たり75ドル

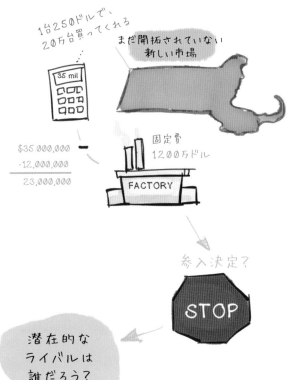

1台250ドルで、
20万台買ってくれる

まだ開拓されていない
新しい市場

35 mil

$35,000,000
-12,000,000
23,000,000

固定費
1200万ドル

FACTORY

参入決定？

STOP

ライバルたちが競合環境を変えることもある。自分たちの予測通りにいくと思い込んでいるかもしれないが、誰かが市場に参入したらどうなるだろう？　販売価格が変わり、利益に影響が出るだろうか？　本格的に参入する前にさまざまなシナリオをよく考えてみよう。

潜在的な
ライバルは
誰だろう？

「ジャンピー」
トランポリン

データを集め
前提を考えよう

競合環境が変わる場合もある
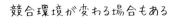

固定費はどうだろう？
製造コストはどうだろう？
市場に参入すると、価格が下がるだろうか？

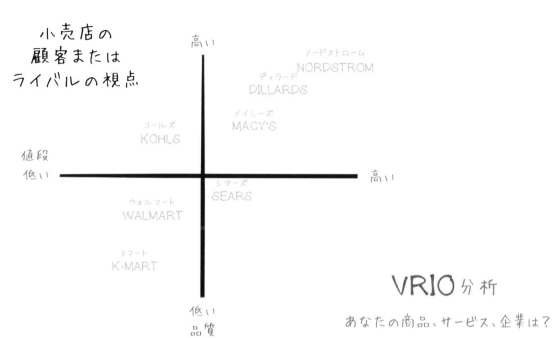

小売店の
顧客または
ライバルの視点

高い

ノードストローム
NORDSTROM

ディラード
DILLARDS

メイシーズ
MACY'S

コールズ
KOHLS

値段
低い

高い

シアーズ
SEARS

ウォルマート
WALMART

kマート
K-MART

低い
品質

VRIO 分析

あなたの商品、サービス、企業は？

あなたのアイデアをVRIO分析にかけて見
れば、持続的な競争優位性があるかどう
かを見極める助けになる

価値がある　希少性がある　模倣されにくい　組織力がある

V → YES → R → YES → I → YES → O → YES → ☑

持続的な
競争優位

NO
↓
競争劣位

NO
↓
競争均衡

NO
↓
一時的な
競争優位

NO
↓
未開拓の
競争優位

RED OCEAN
レッドオーシャン

血みどろの戦い

- 既存の市場で戦う
- ライバルを倒す
- 既存の需要を奪い合う

BLUE OCEAN
ブルーオーシャン

競争のない未開拓市場

- ライバルのいない市場を切り開く
- 競争のない状態を作る
- 新しい需要を作り出して捉える

高級車
- 高価
- 狭い市場
- 高い製造コスト

VS.

モデルT
- 安価
- 広い市場
- 低い製造コスト

競争に関係する戦略には2つのタイプがある。レッド・オーシャンとブルー・オーシャンだ。レッド・オーシャンにはライバルがひしめいている。フォードモデルTが世に出る前、自動車は庶民に手の届かないものだった。ヘンリー・フォードは、安価な自動車という誰も開拓していない市場を作り出した。そして成功した。

ALLIANCES
提携

補完的な価値やリソースを生み出す場合にだけ有効

事業拡大に必要

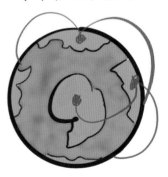

1時間の生産高

マイク ジョン

10 CUPS + 2 LEMONS 2 CUPS + 10 LEMONS

別々

2時間の生産高

一緒

20 CUPS 20 LEMONS

入れ替え

10 CUPS 10 LEMONS 10 CUPS 10 LEMONS

提携関係
（事業パートナーシップでも）

相手がどんな価値をもたらすかを
はっきりと具体的に書き出せるか？

契約は必要

提携は事業拡大に欠かせないが、同時に自力で生み出せない価値を与えてくれるものでなければならない。マイクは1時間でコップ10個とレモン2個を生み出し、ジョンは逆にコップ2個とレモン10個を生み出してくれるとしたら、ふたり一緒になることで、どちらもより速く、より多くのものを生み出せる。相手がどんな具体的な価値をもたらすかを明確にし、それが何であれ必ず法的効力のある契約書を交わしてほしい。

11

ビジネス倫理

BUSINESS ETHICS

　かつて流行したCSR（Corporate Social Responsibility：企業の社会的責任）活動は、世界の社会的課題の解決には力不足という指摘がある。CSRとは、企業が社会に果たすべき責任の一環とされてきた寄付や社会貢献などの活動だ。木を植えたり、貧しい地域に食事を配ったり、必ずしも本業にひもづかない活動も多かった。利益を重視する企業にとって本気になれないため、社会的課題解決の強いツールにはならなかったと考えている。昨今では、もうけることと社会貢献を両立するCSV（Creating Shared Value：共通価値の創造）が注目されている。2011年にポーター教授らが提唱した、企業の飽くなき利益追求のエンジンを、社会の課題解決に利用するという概念だ。CSVでは、貧困問題、障害者の社会進出、気候変動などなどの社会的課題を、企業が本業を生かしたビジネスチャンスとして捉えることが重要である。　　　　（星野）

企業倫理とは、ただ牢屋に入らないためのものではない。倫理的に生きていれば、人生はより充実し、自分の誇れる置き土産を世の中に残すことができる。

判断に迷ったら、それが5時のニュースに出ても問題ないかどうかを自問しよう。ニュースに出たら困るようなことはしてはいけない。

Disclosure Test

暴露されてもいいか？

感情
EMOTION

短期思考に陥りがち

大切なのは、短期思考から長期思考に移ることだ。ほとんどの倫理的な問題は感情によって引き起こされる。感情が目先のことだけに考えを向けさせるのだ。立ち止まって、どんな人間になることが目標かを思い出そう。理想の人物像に近づくか、遠ざかるかを考えよう。

どんな人間になりたいかを思い出す

Remember who you want to be

DECISION PROCESS

意思決定プロセス

感情が高ぶって、倫理を忘れそうになったら、次のシンプルなプロセスを使って、倫理的な判断を下そう。

1 立ち止まって考える

反射的に対応するな。まず立ち止まって考えよう。

ここですべての事実と情報を集めよう。この意思決定は、重要なものだろうか？　後でもいいか？　誰が関係しているか？　リスクは何だろう？

2 事実を集める

3 解決策をブレインストームする

選択肢がたくさんあったほうが、いい解決策が生まれる。時間をかけて、できるだけたくさんの解決策を見つけよう。

4 決定する

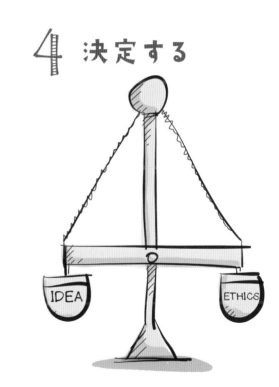

さてここで、あなたの意思決定が倫理的に正しいかどうかを判断しよう。あなたの判断力に曇りがないかを他人に確かめてみるといい。

起業家的財務

ENTREPRENEURIAL FINANCE

　本章では、アイデアをもとに起業するプロセスやファイナンスなどが、幅広く概観されている。それぞれに専門書が出ているので参照してほしいが、私が強調しておきたいのは、「そもそも起業は非常にリスクの高いチャレンジだ」という点だ。スタートアップの5年生存率は非常に低い。そのリスクを承知で投資するぶん、投資家たちがスタートアップ成功時に求めるリターンも高い。起業はそう甘い世界じゃない、とよく理解して飛び込んでほしい。甘い世界でない世界でやり抜くために必要なのは、事業内容に対する起業家の使命感や情熱である。これを達成したい、これが好きだ……そういう気持ちで取り組むときに、困難を乗り越える仲間に恵まれ、事業のサポーターも現れ、成長に至る可能性が高まるだろう。　　　　（星野）

起業家的財務の
プロセス

価値を
創り出す

チャンスを作る

業務をはじめる

リソースを
手に入れる

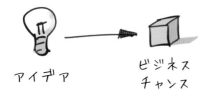

アイデア

ビジネス
チャンス

起業家的財務とは、一連の戦略的行動によってできるだけ早期に価値を創り出すことだ。

最終的な目的は何か

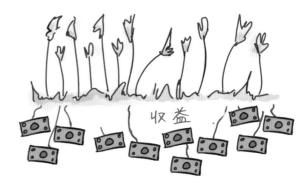

収益

目的は収益を得ることであり、そこにできるだけ速く到達することだ。

88% は 馬ではなく 騎手に賭ける

(EXECUTION) 実行

(IDEA) アイデア

高成長企業の成功の要因は
平凡なアイデアを非凡に実行すること　——▷　**実行がカギ**

この世の中にチャンスは山ほどある。それを見つけられるかどうかは君次第だ。次の表を見て、チャンスのもとがどのあたりにあるかを探す参考にしてほしい。

意外な成功や
失敗の理由

新しい知識

人口動態の
変化

こうした要因から
生まれる問題を
解決するような
産業を創る

新しいビジネスチャンスのもと

あるべき姿と
現状の矛盾

プロセス
ギャップ

考え方や
風向きの変化

アイデアに飛びつく前に、実現可能かどうかを確かめよう。長い時間を費やすことになるとしたら、まずは裏づけを取ったほうがいい。SWOT分析を使って内部環境と外部環境の圧力を考え、それらを表に書き出そう。

新しいビジネスを見るときには、体系的な評価にかけてみたほうがいい。定量的な評価と定性的な評価の両方を使おう。点数が高いほうが投資家にとって魅力がある。

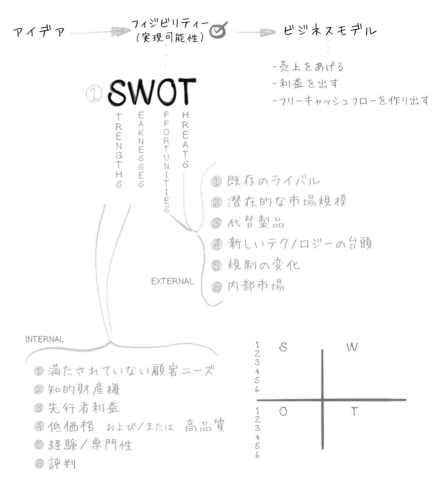

定量的スクリーニング

潜在的な魅力

	HIGH 3	MEDIUM 2	LOW 1
市場規模			
利益性			
収益化のスピード			
チームの能力			
実現可能性			

定量的評価と定性的評価を行うことで、感情が取り除かれ、賢い判断をするために必要なデータが手に入る。まずは定量的な評価で、点数が3にどのくらい近いかを見てみよう。それから経営陣を調べ、彼らのビジョンと知識と将来への計画を詳しく聞き出そう。

(点数を足して5で割る。最終的な点数は1から3の間に収まる。3に近いほうがいい。)

定性的評価
経営陣に取材する

創業者　マーケティング　業務担当　財務担当
　　　　担当

・全体像　顧客についての　生産　業績予想
　　　　　知識

高成長企業のベスト・プラクティス

マーケティング

- 最高の製品またはサービスを開発する
- 高品質の製品またはサービスがある
- 高価格での販売が可能である
- 効率的な流通と充実したサポートがある

財務

- 今後5年の詳細な月次計画および
  年次計画がある
- 資産と財務リソースと業績を
  上手に管理している

経営

- 専門性と業界知識とのバランスが取れた
  経営陣がいる
- 協力的な意思決定ができる

投資家向け

ビジネスプラン

（すべての質問に
答えている）

ベンチャー企業の
ライフサイクル

VENTURE LIFE CYCLE

🫘 開発	シード調達
🫘 起業	スタートアップ調達
🫘 成長	ファーストラウンド
🫘 拡大	セカンドラウンド メザニン 流動性
🫘 成熟 （エグジット可能性）	銀行借り入れ 債券発行 株式発行

ベンチャー企業は、5段階の資金調達を経ることになる。まずシード資金の調達で開発をはじめて、最後に成熟段階に到達する。

VENTURE CAPITAL

ベンチャーキャピタル（VC）

起業家

ベンチャーキャピタリスト
（仲介者）

投資家

よくある報酬体系

20 - 2

成功報酬	運用手数料
20%	2%

（いわゆるキャリー）

ベンチャー投資に成功するには、
意見の多様性が不可欠

ファンド・
オブ・
ファンド

ベンチャー投資のプロセス

- ファンドの目的を絞る
- ファンドを設定
- 投資を募る
- 資金流入
- 調査と投資
- リターン
- 分配

投資家の内訳（円グラフ）

- その他 20%
- 保険 18%
- 年金 23%
- 個人 13%
- 財団 3%
- ファンド・オブ・ファンド 23%

ベンチャーキャピタルは、
最初の**6**分で投資を決める

ベンチャーキャピタリストが
一番気にかけるのは経営陣と市場

FINANCING 資金調達

株式による
調達が最善
（所有権を
渡すことになる）

目標

3倍から
6倍のリターン

VC評価額

プライベート・エクイティ

評判がすべて

VCは3倍〜6倍のリターンを目安にし、書面による契約が必須だ。プライベート・エクイティの世界では、評判がすべてだということを忘れてはいけない。自分の言葉に忠実に、約束をかならず守ろう。

Business Entities

事業体

事業を始めるにあたって、さまざまな事業体の長所と短所を知ったうえで、どの形を選ぶか決めたほうがいい。それぞれに大切な特徴があり、違った責任と税制が適応される。簡単に説明しよう。

個人事業主

これが最も簡単で一番よくある形だ。会社としての登記はなく、所有者の事業の区別がない。単純だがリスクはある。事業と所有者の区別がないので、誰かに訴えられると個人資産もリスクにさらされる。

LLC（合同会社）

LLCは有限責任会社の略称だ。所有者の法的責任が限られるという点では、個人事業主よりもいいかもしれない。LLCは個人事業主と株式会社の特徴を組み合わせたものだ。

S 法 人

こちらは規制と法律がより複雑になる。しかし外部資金を調達したり株式の発行を考えている場合には、こちらの方がいい場合もある。自由に株式を発行できるため、パートナーにインセンティブを与えたり、事業の助けになることもできる。

C Corp(C 法人)

C 法人は S 法人と似ているが、二重の課税を受ける（法人の純利益への課税と、株主に分配された利益への課税）。S 法人の場合には株主数の上限は100人でアメリカ市民または永住者に限られるが、C 法人には株主数の制限がない。

5C'S OF CREDIT 信用の5C

信用の5Cとは、借り手を評価する際に貸し手が考慮するポイントだ

 人となり
信用履歴と評判

人となりは信用履歴からもわかる。信用履歴とは、借り手の信用情報だ。借り手がどのくらいの期間にどれだけ借りているか、返済期限を守っているかなどが、ここでわかる。

返済能力とは借金を返済する力のことだ。現在の収入に対する借金の割合を見ればそれがわかる。借り手の勤務年数も指標になる。

 返済能力
借りた金を返す力

自己資本

借り手が投資する資金

自己資本とは、借り手自身がすでにこの事業に投資している資金だ。借り手も出資していれば、貸し手も少し安心できる。

 担保

借り手が差し出す資産

担保とは、借金が返せなくなったときのために保険として差し出す資産だ。貸し手は担保を売却して貸した金を取り返すことができる。

 貸出条件

借り手のお金の使い道

貸出条件には、借入金額、金利、使途などが含まれる。使用目的がはっきりと絞られていればいるほど、ローンの承認が下りやすい。

13

判断と
意思決定

JUDGMENT AND
DECISION MAKING

　経営はアートなのか、スキルなのか──それは、永遠の課題である。「アート」のように独創性が問われるのか、あるいは必要な「スキル」さえ磨けば誰でもできるのか。両方必要なのであろうが、理論を学びアートの要素を少なくしていくことが、経営の質の持続性につながると考えている。では問いを変えて、経営者の差はどこから生まれるのか。それは、企業将来像の設定、社会的使命感の持ち方など、トップの総合的な価値観の違いから生まれる。たとえば、投資すべきか止めるべきかの判断を迫られたとする。理論的にはリスクとリターンで判断できるはずだ。しかし、そのプロジェクトが企業将来像に辿り着くために必要ならば、高いリスクであっても避けては進めない投資なのかもしれない。一見、風変わりな意思決定をする企業は、アートな気質ゆえだと思われがちだが、必ずしもそうとは限らない。トレードオフ（何を犠牲にしようか）を考えるとき、ミッションやビジョンによって、その決定に差が生まれるのである。　（星野）

日々の判断は人生に影響を与える。目覚ましい結果を
出すために、最善の判断ができるようにしよう。

意思決定の必要に迫られたら
先のことを考えて<u>プロアクティブ</u>に

 プロブレム
- PROBLEM 問題

成功できるかどうかは、
意思決定次第

 オブジェクティブ
- OBJECTIVES 目標

 オルタナティブ
- ALTERNATIVES 解決策の選択肢

複雑すぎる意思決定も、
この手順でできる

 コンシクエンス
- CONSEQUENCES 結果

 トレードオフ
- TRADE OFFS 妥協点

この手順は魔法のような効果がある。驚くほど
単純だが、意思決定のスピードが大幅に上が
り、正しい場所へと君を導いてくれるだろう。

 **正しい問題に取り組もう**

ここが一番大切なところだ。本当に解決すべき問題を選んで、意思決定に臨もう。例：「どのジムに入会すべきか」ではなく、「もっと健康になるにはどうしたらいいか」と考える。

ひとつひとつ、目標を挙げてみよう。その目標から何を求めているのかを自問しよう。それはなぜかを考えよう。意外な発見があるかもしれない。

 **目標をすべて書き出そう**

 **解決策をブレインストームする**

この段階はとても大切だ。いい解決策がなければ、最善の判断はできない。時間をかけて、たくさんの選択肢を考えてみよう。

スプレッドシートの左端の列に目標を書き入れ、上の行にすべての解決策を書き入れる。それぞれの解決策が目的を満たすかどうかを1〜3で点数をつける。すると方向性が見えてくるだろう。

目標　選択肢

1（低い）
3（高い）で
ランクづけする

トレードオフ

	Car 1	Car 2	Car 3
快適さ	3	3	2
広さ	2	3	2
魅力	2	3	3
走行距離	1	1	3
状態	3	1	3
価格	2	1	3

ここまでで、方向性はかなり見えているはずだが、甲乙つけがたい解決策についてはトレードオフを見てみるといい。

練習によって
体で覚える

新しいクラブの握り方で
スイングを100回練習する。
最初は違和感があっても
そのうち自然になる。

チームで下した意思決定は
ひとりよりかならずいい。

意思決定の枠組みを共有

理想的な
チームの人数
4人から6人

これは意思決定を助ける素晴らしいフレームワークだが、自然にできるものではない。集中的に練習することで、自然と身につく。練習、練習、また練習。

落とし穴

- シンプルで効果的でみんなが
  共有できるような意思決定の枠組みがない

- 拙速な判断
  間違った問題を解いてしまいがち

- 引き金を特定し、精査し、評価する。
  引き金とは、問題に気づくきっかけになるもの
  ヒント；問題を解決策と誤解しがち

「これは本当に問題なのか、
それとも解決策なのか？」
採用担当者から連絡がきた。
仕事を受けた方がいい？
      これは問題ではない！

これまで、拙速に解決策に飛びついて、間違っていたことが何度もあったはずだ。急いで判断を誤ることはよくある。ここに陥りがちな落とし穴を挙げておこう。気をつけてほしい。

魔法の質問

引退までにXドル貯める

  なぜ？   目標達成の
  :   手段
  :

家族と時間を過ごすため
  （本当の目標）

目標が正しいかどうかを
  確かめるために
  自問してみるといい。

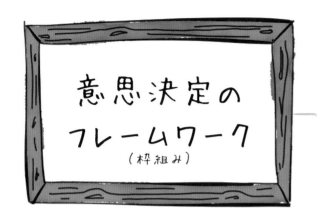

意思決定の
フレームワーク
（枠組み）

複数の視点で
状況を見る

僕たちはみんな世界を異なる視点（枠組み）で見ている。他者の視点を多く持つほど、いい判断ができる。

見極める：自分の枠組み。他者の枠組み

これは簡単ではないが、練習すればできるようになる。自分が賛成しないような難しい話題を取り上げて、反対の立場から見る練習をしてみよう。多角的な視点を持てば持つほど、知識も増えてよりよい判断ができるようになる。

数多くの視点で問題を見て、
最善の考え方を引き出そう。

認知の歪みのせいで、
これが難しい。
誰かの意見に賛成しなくても
いいことを覚えておこう。
（例：麻薬戦争）

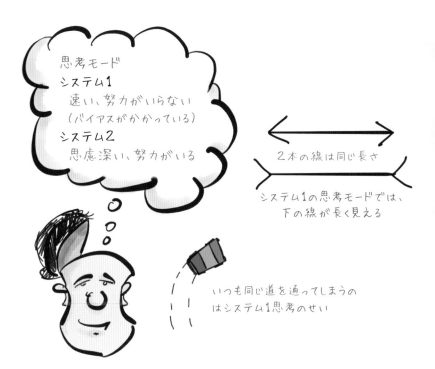

思考モード
システム1
　速い、努力がいらない
　（バイアスがかかっている）
システム2
　思慮深い、努力がいる

2本の線は同じ長さ

システム1の思考モードでは、
下の線が長く見える

いつも同じ道を通ってしまうの
はシステム1思考のせい

人には2種類の思考モードがある。「システム1」と「システム2」と呼ばれるものだ。人は自然な状態ではシステム1のモードで世界を認識する。そのほうが速くて簡単だからだ。だが、難しい判断を迫られた場合、いつもシステム1の思考では失敗の危険がある。対抗手段は2つ。さまざまな認知の歪み（バイアス）に気づくことと、体系的な問題解決の枠組みに従うことだ。

認知の歪みと発見的手法
（バイアス）

① 利用可能性発見的手法

② 代替性発見的手法

③ プロスペクト理論

④ 係留と調整

⑤ 自信過剰

⑥ 動機を伴う理由づけ

利用可能性発見的手法

人は簡単に思い出せる事例を
もとに予想しがち

初頭効果

1.
2.
3.
4.
5.

一番はじめに触れた
情報に重きを
置いてしまう

親近（週末）効果

一番最近見た情報に
重きを置いてしまう

代理効果

手段が目的に
なってしまう

代替性発見的手法

人は、特定のカテゴリーに典型的と思われる
事象の確率を高く予測しがち

基準率の無視

基準となる
確率を考えずに、
ある出来事の確率を
予測してしまう

ギャンブラーの誤謬

コイントスで
3回表が出たら、
次は裏が出ると
確信してしまう

ホットハンドの誤謬

ランダムな出来事で
何度か続けて
成功すると、実力だと
思い込んでしまう

関連性の錯誤

1, 19, 152, 99, 107

関連性がないのに
あると思い込んだり、
関連性があるのに
ないと思い込んでしまう

プロスペクト理論

人はリスクを回避したがる。
損を避けて得をしようとする性質のため、
利益を目の前にするとリスクを避け、
損を目の前にするとよりリスクを取りがち

損失回避

得をするより、
損失のリスクを
回避したがる

ディスポジション効果

下がっている株を
持ち続け、
上がっている株は
すぐに売ってしまう

フレーミング効果

問題の提示の
され方によって、
結論が変わってしまう

不平等回避

不平等を回避する
ために経済的に
不合理な判断を
してしまう

係留と調整

人は（ランダムな事柄でも）何らかの参照点（アンカー）に
頼って判断を下しがち

知識の呪い

情報を知ったあとは
知る前と同じように
振る舞えなくなる

後知恵バイアス

予測不可能な
何かが起きた後に、
まるでわかっていたように
感じてしまう

自信過剰

人は自分の予想に過剰な自信を持ちがち

99%確か！

この距離では
象も当たらない

その数秒後に撃たれて死亡―
ジョン・セジウィック　南北戦争の北軍将軍

動機を伴う理由づけ

人は自分の思い込みに合う証拠を見つけがち

希望的観測

データよりも
信じたいことを
信じてしまう

確証
バイアス

自分の仮説を裏付ける
ような証拠を探し、
反対の証拠よりも見たい
証拠に重きを置いてしまう

追認バイアス

都合のいい証拠を
追いかけてしまう

埋没費用の
誤謬

埋没費用が高ければ
高いほど、現状を
保ちたくなってしまう

集団

普通は集団のほうが
いい判断ができる

① 準備
事前にひとりひとりが
考えておく

② 議論

1回目
それぞれがアイデアを出し、
批判や議論はしない

2回目
1回目の集まりでひらめいた
アイデアを話し合う

3回目
自由な議論を促し、
アイデアを順位付けする

14 ゼネラル・マネジャーの役割 THE GENERAL MANAGER'S ROLE

　本章では、変化に抵抗する組織をいかにマネジメントすべきか、に主眼が置かれている。そもそも人間は、「変化」に不安を感じる生き物である。自分が信じていることを否定されると、抵抗を感じるように我々の脳はプログラムされている。正しさや合理性とは関係なく、信じてきたものを信じたいと感じてしまうのである。実際に変化してみれば、素晴らしい経験ができるとしても、未知の状況にはリスクがあり、慣れるにはエネルギーを要するためだ。だからこそ、組織を変革するときは、論理だけで正当性を訴えても効果が上がらない。変化しないほうがよい理由がいくつも出てきて、抵抗されるだろう。人々の気持ちを動かすには、反発する感情をマネージして変化を促し、ファシリテーションするスキルが不可欠だ。それによって、メンバーみんなが自ら変化しようと動き始めるのである。

（星野）

ゼネラルマネジメントとは、問題の解決であり課題の解消
である。しかも、限られた知識と情報で課題を解決しな
ければならない。リーダーは、他者が問題を正しく認識
することを助け、解決へと導かなければならない。

顧客

「若者に買ってもらうには
どうしたらいいだろう？」

あなた

「なぜですか？」

「売上が
下がっているから」

なるほど！

「正しい質問は
こちらかもしれません。
なぜ売上が
下がっているのか？」

問題解決の基本

① 状況を
理解する

② 問題の根っこに
ある原因を
見つける

「なぜ」と「どのように」と
問い続け、状況に合った
行動計画を考える

③ 効果的な
行動計画を作る

④ 問題が解決される
まで、計画を実行し
調整する

問題を正しく理解する

「コンサルタントとしての
私の最大の強みは
無知であることと、
いくつか質問をすることだ」
——ピーター・ドラッカー

いい質問の
仕方を学ぶ

↓

根本的な問題

問題を正しく理解するためにまず、「SMART」の
フレームワークを使って問題を定義づけしてみよ
う。それから、ロジックツリーを作って、すべての
問いに答えよう。

SMART 賢く問題を定義する

S PECIFIC
M EASURABLE
A TTAINABLE
R ELEVANT
T IME BOUND

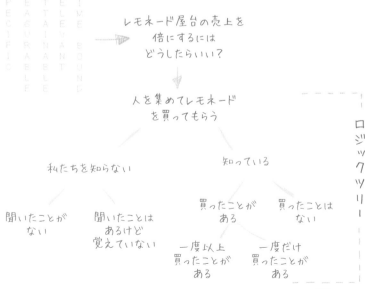

レモネード屋台の売上を
倍にするには
どうしたらいい？

人を集めてレモネード
を買ってもらう

ロジックツリー

私たちを知らない

知っている

聞いたことが
ない

聞いたことは
あるけど
覚えていない

買ったことが
ある

買ったことは
ない

一度以上
買ったことが
ある

一度だけ
買ったことが
ある

データを検証したら、
必要のない枝は
切り落とす。

人を集めてレモネード
を買ってもらう

私たちを知らない

知っている

聞いたことが
ない

聞いたことは
あるけど
覚えていない

買ったことが
ある

買ったことは
ない

一度以上
買ったことが
ある

一度だけ
買ったことが
ある

ロジックツリーを描いたら、前提を検証し、
データを集め、間違った枝を切り落とす。
すると、根本原因がわかってきて、本当の
解決策に近づける。

一番重要な問題を解決することを目標にしよ
う。コストをかけずにメリットを得られるよう
な目標に集中しよう。

THE

GOAL

メリットが最大
かつ
コストが最小
になる
問題解決を目指す

いい提案

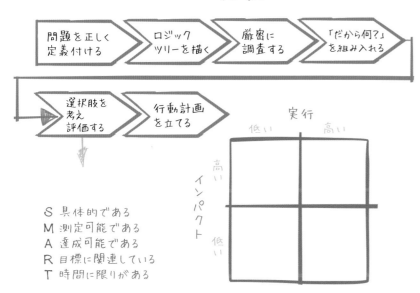

```
問題を正しく     →   ロジック      →   厳密に      →   「だから何?」
定義付ける          ツリーを描く       調査する         を組み入れる
```

```
選択肢を       →   行動計画
考え               を立てる
評価する
```

君がコンサルタントなら、いいアドバイスを
与えるのが仕事だ。クライアントにアドバイ
スする際の基本的な流れをここに描いた。

実行
低い　　高い

高い

インパクト

低い

S 具体的である
M 測定可能である
A 達成可能である
R 目標に関連している
T 時間に限りがある

なぜ変化を学ぶのか?

組織に準備ができていないと、
素晴らしい解決策でも失敗する

新規
計画/
新製品

NO! NO! NO! NO!

ダイエットで体重を
減らした人の

95%

は2-3年でリバウンドする

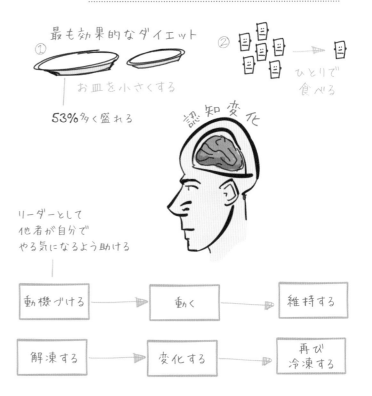

2-3 YEARS

体重を減らす = 変化

人は変化を嫌う

認知/合理的

情動/感情的

変化は感情を揺さぶる。自分を正しい方向に向けてくれるような仕組みを講じよう。たとえば、食事の量を減らすより、お皿を小さくしたほうがいい。

最も効果的なダイエット

① お皿を小さくする

53%多く盛れる

② ひとりで食べる

認知変化

リーダーとして
他者が自分で
やる気になるよう助ける

動機づける	➡	動く	➡	維持する
解凍する	➡	変化する	➡	再び冷凍する

動機づけ

見る
変化の必要性

感じる
変化の必要性

変化する

他者に変化を促すには、変化の
大切さを見せ、感じさせなければ
ならない。

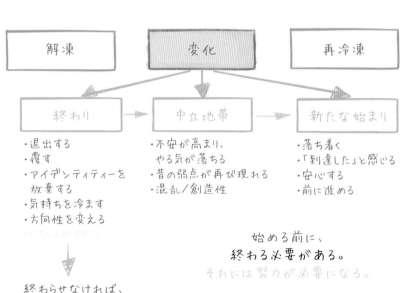

従来の物事のやり方を解凍し、変化の
可能性を開くことで、変化が起きる。変
化とは、過去を終わらせ、しばらく中立
地帯に留まり、それから新たな始まりに
向かうことだ。

| 解凍 | 変化 | 再冷凍 |

| 終わり | 中立地帯 | 新たな始まり |

・退出する
・覆す
・アイデンティティーを
　放棄する
・気持ちを冷ます
・方向性を変える

・不安が高まり、
　やる気が落ちる
・昔の弱点が再び現れる
・混乱／創造性

・落ち着く
・「到達した」と感じる
・安心する
・前に進める

終わらせなければ、
始まりもない

始める前に、
終わる必要がある。
それには努力が必要になる。

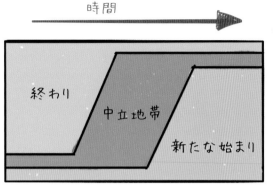

時間

「始まりはいつも、
何かの終わりだ」
ポール・バレリー

終わり

中立地帯

新たな始まり

この3つを同時に行わなければならない

このいい例が結婚だ。結婚の誓いを交わすことは新たなはじまりを意味し、それまでの居心地がよかった独身生活を終わらせることになる。するとある期間、2人は中立地帯に留まることになる。未来がこれまでよりいいと思えば、2人は新たな始まりを喜び、過去を捨て、本当に変わることができる。

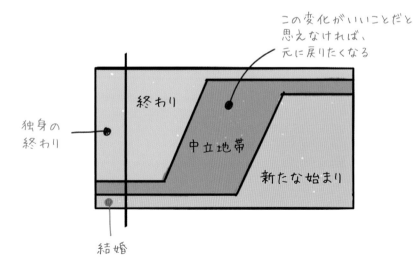

この変化がいいことだと
思えなければ、
元に戻りたくなる

独身の
終わり

終わり

中立地帯

新たな始まり

結婚

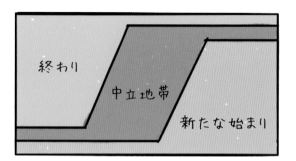

終わり

中立地帯

新たな始まり

変化を否定するより、このプロセスを
経験したほうがいい。そうでなければ、
悲劇的な結果が訪れかねない。

「変化」は
切り替え

しかし

「移行」は
それほど
明確ではない

人々に変化を促すには

① 問題を認識させる（感情に訴える）。
　解決策を売り込まない（知性に訴えない）。

> 人は感情に引っ張られやすい
> ことを覚えておこう

② 誰が何を失うかを見極める
　準備し共感する

③ 喪失感を受け入れる
　痛みが意外に深いこともある

④ 敬意を持って過去を扱う

⑤ 過去と決別することで、
　本当に大切なことを継続できる

目的 なぜ変わるのか？

 将来像 どんな姿になるか？

 計画 どのようにそこに到達するか？

 役割 自分に何ができるか？

変化のプロセスを導入するときには、人々にその目的を理解してもらい、計画を立て、彼らの役割をわかってもらえるように助けよう。焦ってはいけない。君にとっては当然の計画でも、他の人たちの気持ちは追いついていないかもしれないし、情報もないかもしれない。

みんなはここ

君はここにいて
みんなと一緒に
走っているつもり

注意！

① マラソン効果を思い出す
君自身はすでに変わったかもしれないが、
他の人たちはまだだ

② 慎重に辛抱強く見守る
計画し、準備しよう。時間をかけたほうがいい

変化のマネジメント；望ましい変化を人々に
理解させ、実現する

これを行っているとき
こちらを忘れてはいけない

移行のマネジメント；居心地のいい場所から外に出る
ように、人々を説得するための第一歩

低コスト戦略

少数の支援者を見つけよう
非公式に／少人数ではじめる。
勢いをつけてから、正式に進める

大規模な組織変革は戦略的に、計算して、正確に行わなければならない。ショットガンのようにたくさんぶっ放してはいけない。ライフルのように正確に的に当てる必要がある。

ショットガン vs. ライフル
味方になってくれる
グループを作る

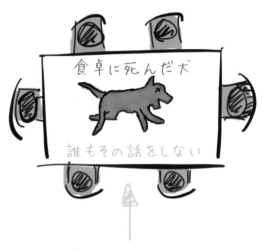

食卓に死んだ犬

誰もその話をしない

家族が機能
していない証拠

警告：この例は気持ち悪いので、注意。家族と夕食の
テーブルを囲んでいる場面を想像してほしい。食卓の
真ん中に死んだ犬が置かれているのに、誰もそのこと
を話さない。そんな家族はおかしい。君の組織はそう
なってないだろうか？　誰も話さないことは何だろう？

組織変革は正確に行わなければならない。
狙撃の名手のような正確さが必要だ。構え、
狙い、そして撃つ。タイミング、順番、信頼が
すべてだ。前もってコミュニケーション戦略
を考え、適切な人材を味方につけよう。

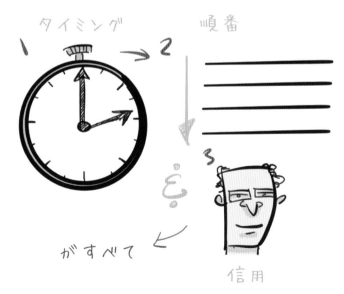

タイミング　　　順番

がすべて

信用

大きな組織における組織変革

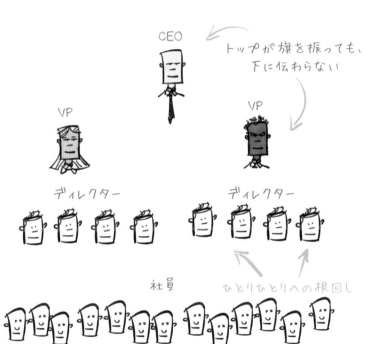

CEO

トップが旗を振っても、下に伝わらない

VP

VP

ディレクター

ディレクター

社員

ひとりひとりへの根回し

変革を成功させるには、組織の中の適切な人材から支持を得なければならない

CEO

トップダウンは効果なし

「自分の仕事」じゃない

非公式なコミュニケーション

早めに根回し

変革を売り込む

組織全体を

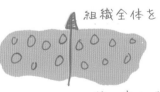

一緒に底上げ

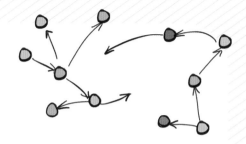

15

戦 略 的 思 考

　「戦略」の概念は、戦争への活用を念頭に発展してきた。本章に登場するアイゼンハワーやチャーチルといった政治家の行動は日本ではなじみが薄いかもしれないが、欧米ではポピュラーだ。ビジネスにおける戦略的能力を高めるうえで、歴史に学ぶことは非常に重要だと私は考えている。日本人が特に好きな、戦国武将や明治維新の傑物から学ぶのもいいと思う。彼らが、どういう状況で、どんな理由からどのような結論をくだし、行動を起こしたのか。それを知ることで、自分がいつの日か直面する意思決定に生かすことができる。今思えば、私が歴史から学んだことのひとつは、「裏切りのタイミング」である。キャリアで1度か2度の重要な局面でしか切れないカードだが、それ自体が選択肢になければ大事はなし得ない。そう理解していれば、自分にとってのその時が今だと感じる時に躊躇なく切ることができるのである。　（星野）

歴史上の偉人を知り、彼らの成功と失敗から学ぼう。

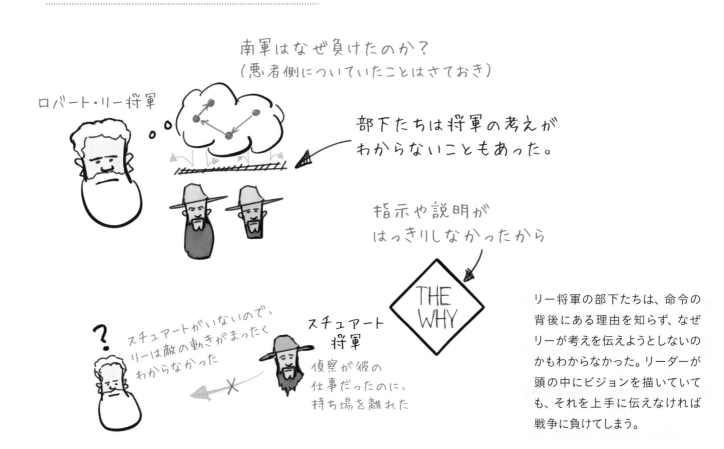

南軍はなぜ負けたのか？
(悪者側についていたことはさておき)

ロバート・リー将軍

部下たちは将軍の考えが
わからないこともあった。

指示や説明が
はっきりしなかったから

THE
WHY

スチュアートがいないので、
リーは敵の動きがまったく
わからなかった

スチュアート
将軍
偵察が彼の
仕事だったのに、
持ち場を離れた

リー将軍の部下たちは、命令の背後にある理由を知らず、なぜリーが考えを伝えようとしないのかもわからなかった。リーダーが頭の中にビジョンを描いていても、それを上手に伝えなければ戦争に負けてしまう。

144

戦略に
従うべき

今さら
後に
引けない

信頼できる部下の意見に
耳を貸さなかった。

状況の変化に応じて
**自分たちも
変わらなければ
ならない**
そうでなければ、
戦略が成功するように
状況を変える必要がある

GREAT LEADERS
LISTEN
偉大なリーダーは周囲に耳を傾ける

成功はどこから
やってくる？

守りの戦略か？
それとも
部下の士気か？

リーは士気に
頼りすぎた

人々がみずから目的にコミットし
必死に努力しなければ、
成功はない

リー将軍は、戦いの行方が決まる決定的な時期に部下の意見を聞かず、状況の変化に対応できなかった。いつも周囲の状況を観察し変化に合わせることで、先頭に立つ準備ができる。

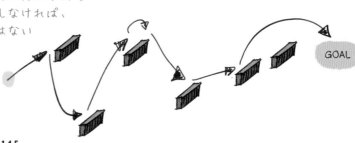

GOAL

CHURCHILL

チャーチル

ウィンストン・チャーチルはすべての物事を戦略的に考えるリーダーだった。みずからのキャリアについても同じで、自分の影響力を高められるような立場に、意図的に就いていた。

右のようなリーダーとしての資質をチャーチルは大事にした。それが彼のリーダーとしての能力を高めた。

バランスの
取れた考え方

詳細への注意　　　　　広い視野

決断力　　　　人格　　　　わかりやすい話し方

歴史的想像力　　　　　正直さ

「成功とは、情熱を失わずに
失敗から失敗へと突き進むこと」

1

鍵となる戦略的決断をおこなう

↓

2

先頭に立つ人材を選ぶ

3

彼らにはっきりとした指示を与え、
彼らの行動の障害になるものを
取り除く

熟考し

それから

きっぱりと

行動する

責任には
それにふさわしい
権限が必要

責任を与えられた人がそれを果たすには、任務の遂行にふさわしい権限が与えられなければならない。権限がなければ、失敗は見えている。チャーチルは歴史を古く遡れば遡るほど、未来が見えるようになると思っていた。

歴史を遡れば遡るほど、
遠い未来が見えるようになると思っていた。

歴史　　　　　　現在　　　　　　未来

集団による意思決定

その場しのぎの妥協案になりがち

みんなで共に熟考することと、集団による決定は違う。共に考えるということは、最善の知見を持ち寄り、意思決定に生かすということだ。集団による決定からは「妥協案」（中途半端な歩み寄り）しか生まれず、効果がない。強いリーダーは、周囲の意見に耳を傾けるが、決断を下す時にはきっぱりとおこなう。

バルジの戦い

アイゼンハワー

VS.

ヒトラー

アイゼンハワーの指揮のおかげで、アメリカ軍はバルジの戦いでナチス軍を壊滅に追い込んだ。アイゼンハワーはヒトラーとは正反対のやり方で軍を導き、それが成功につながった。

- 軍隊に信頼され、臨機応変だった
- 部下の意見を聞いた
- 部下の気持ちを鼓舞して導いた
- 落ち着いて理性的で慌てなかった
- 賛同を待った
- 部下をひとつにした
- 前向きで士気を高めた

- 命令は絶対で逸脱を許さなかった
- 部下の意見に耳を傾けなかった
- 恐怖で支配した
- 受け身
- 独裁的
- 手の内を見せない
- 厳格で恐れを吹き込んだ

アイゼンハワー
意思決定

部下の意見を聞き　　　決断の時まで　　　実行した
賛同を求めた　　　　　　待った

16 創造性と イノベーション

CREATIVITY AND
INNOVATION

　本章では、イノベーションをめざすうえでの、市場調査のあり方や、競合を正しく認識する大切さを強調している。ミルクシェイクの競合が同業他社の製品ではなく、実はバナナやドーナツだった、と認識できるかどうかは、企業にとって死活問題となりうる。たとえば、デジタルコンパクトカメラがスマホに取って代わられる、といったことが起こるのである。また、自由な発想を助けるブレインストーミングを実施する際は、その場で出てくるどのような意見に対しても「絶対に批判しないこと」が重要だ。ネガティブな批判をしてはいけない。アイデアの質ではなく、アイデアの数という定量的な目標を置いたほうが、結果としてイノベーティブな発想にたどり着けるのである。

（星野）

お絵かきは
創造性の
足しになる。

補助的な
思考のツール

クリエイティビティーの

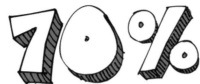

70% は

仕事のパターン

創造性を高めたければ、
習慣や仕事の
パターンを変えよう

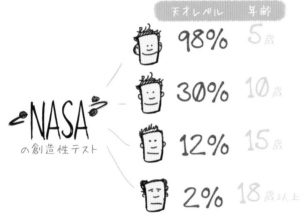

天才レベル	年齢
98%	5歳
30%	10歳
12%	15歳
2%	18歳以上

NASA
の創造性テスト

現代の問題は、ほとんどの人が消費すること
に時間を使い、何も創り出していないことだ。
何かを創り出す努力を始めよう。私生活にも
仕事にも役立つはずだ。

消費する　　　VS.　　　創造する

152

典型的な教育　VS.　創造性

収束
調和、ひとつの目的地

拡大
好奇心、探索

ブレインストームをするときには、できるだけたくさんのアイデアを出すことを心がけてほしい。クレージーなアイデア。実現できそうもないアイデア。頭の中のすべてを外に出そう。アイデア創出とは、発散することだ。誰かのアイデアを批判したくなっても、すべてのアイデアが出るまでは批判してはいけない。

アイデアをすべて外に出したら、次にそれらを絞っていく（収束させる）。ビジネスの視点から、悪いアイデアを捨てていこう。最高のアイデアを見つけ出すには、まずは外に広げて（拡大）から、絞り込んでいく（収束）しかない。

① 外に広げる（拡大）

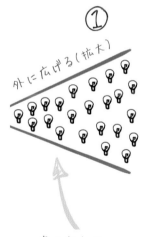

たくさんの
アイデアを出す
捨ててはいけない

② 絞り込む（収束）

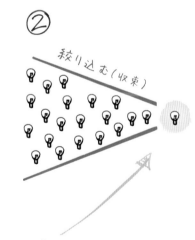

最高のアイデアに
たどり着く
（悪いアイデアを捨てていく）

創造のプロセス

現状を壊す　　考えを広げる　　新しいアイデア

創造の要

まずは、既存の枠から外に出て考えてほしい。次に自分が見たことや経験したことから、連想を導き思考を広げてみよう。これが創造のカギになる。自分の経験や知識をいつも引き出せるように「カード目録」にしておこう。そのカードを引き出して、これまでとは違う形で組み合わせてみるといい。

知識　提案

経験は新しい
視点を生み出す

クリエイティブ人材は
いつも引き出しに
カードをたくさん
入れている。

創造性を生み出す

① カードの目録を
　たくさん作っておく

② カードを組み合わせる
　・合いそうなものの組み合わせ
　・偶然の出会い
　　いつもアンテナを張っておく
　　（問題探しのマインドを持つ）

③ これまでにないクリエイティブな
　アイデアを見つける

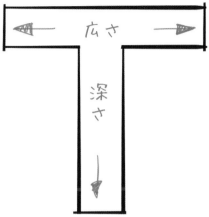

幅広い知識／経験

広さ

深さ

経験

T型人材になろう
何かの専門家になると同時に
常に見識を広げていこう

チームなら
知識の幅が広がる

チームで働くことで、知識の幅が広がる。自分と違う人をチームに入れよう。するとアイデアの数が劇的に増える。チームでも、個人でも、連想的思考法を使ってみよう。また、チームの力を最大限に活用しよう。

連想的思考法

トワイライト思考
ぼんやりと考える

ブレインストーム
適切に行おう

マインドマップ
直線的でない
思考をつなげる

アイデアログ

6つの帽子

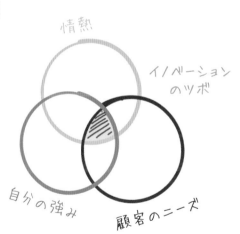

情熱

イノベーション
のツボ

自分の強み

顧客のニーズ

問題 PROBLEM　　痛み PAIN

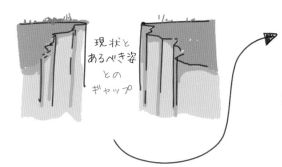

現状と
あるべき姿
との
ギャップ

自分が感じる
不便や不満

大きな問題を解決する素晴らしいアイデアを思いついたとしよう。でも、誰もそれを気にかけていなければ、買ってもらえない。命を救うようなデバイスでさえ、買わないかもしれない。

「痛み」は個人的なものだ。「自分の痛み」を解消するものに人はお金を払う。

痛み PAIN

人々がお金を払って
でも解消したいと
思うような問題や
満たされないニーズ

ユーザーの顔が
パッと明るくなるような
アイデアが、
「いいアイデア」

どんな問題を解くときにも、複雑なものを簡単にしてみよう。最終的な解決策を提案するときには、究極にシンプルな（優雅な）ものを目指してほしい。優雅な解決策は、優雅でない解決策より、何倍もいい。

体系的発明的思考（SIT）とは、既存のプロダクトをもとに5つの異なる思考モデルを使って、これまでにないイノベーションを創り出すテクニックだ。

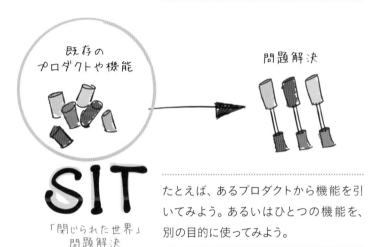

たとえば、あるプロダクトから機能を引いてみよう。あるいはひとつの機能を、別の目的に使ってみよう。

① 引く
② 掛ける — 同じものを別の仕事に使う
③ 割る
④ タスクをまとめる
⑤ 対称性を打ち破る

創造は進化

最初の
ビジョン
これ
何かが
生まれる
別のものが
生まれる
また別のもの
が生まれる
また別のもの
が生まれる
→ ビジョン

試行錯誤

調整

創造性は進化のプロセスだ。ビジョンから始まり（初日）、アイデアを検証し、調整し、また検証する。このプロセスを通して、新たな知識を得て、プロダクトを改善し、ビジョンに合うものにして、実際に世の中に出す。このプロセスのカギになるのは、新しい情報とデータを取り入れつつ、迅速かつ柔軟に動くこと。

ゲスト・スピーカー：マイケル・リー

ソフトなコスト（計画すること、アイデアを生み出すこと）に時間をかけよう。ほとんどの会社はソフトなコストにあまり投資しない。プロダクト（商品、サービスなど）が世の中に出てから、それが命取りになる場合もある。

ディズニーの製造原価の

40%

はソフトなコスト

ほとんどの会社は
10〜20%

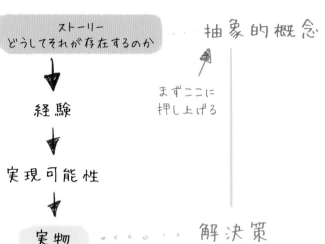

ストーリー
どうしてそれが存在するのか ・・・ 抽象的概念

まずここに
押し上げる

経験

実現可能性

実物 ・・・・・・ 解決策

人はすぐに解決策に飛びつきたがる。それはやめ
よう。抽象的な概念に戻ろう。そのストーリーは
何か？　そのプロダクトはなぜ存在するのか？
そこから、君の心の目で体験を創り出してみよう。

現実的な解決策から
はじめてはいけない...

君の心の目に映った
ゲストの体験
からはじめよう

実現可能性
を調査する

数字をはじく

ビジネスとして成り立つか？

もちろん、体験を創り出す前に、数字を見て実現
可能性を調べる必要がある。ビジネスとして成り
立つと思ったら、解決策の実現にむけて努力を始
めよう。

ジョブ理論
JOB TO BE DONE

ハーバード・ビジネススクールの故クレイトン・クリステンセンを抜きに、イノベーションは語れない。クリステンセン教授は天才だ。彼が、かの有名な「ジョブ理論」を生み出した。

あるファストフードチェーンはミルクシェイクの売上を伸ばしたかった。彼らは市場調査をおこない、大金をかけて、ターゲット層のすべてを知ろうとした。

男性

20歳から45歳

そのファストフードチェーンは、アンケートとフォーカスグループを行った。それから、レシピを改善して新しいミルクシェイクを発売し、好評を得た。

いちごの品質を上げる

より滑らかな舌触りにする

でも売上は上がらなかった！

ミルクシェイクの売上の
45% は午前中

この気づきから、ドライブスルーに立ち寄る人たちに、「なぜ」ミルクシェイクを買うのかを聞いてみた。すると、通勤途中に何か口にして、昼食までお腹を持たせるものがほしいということだった。これこそミルクシェイクが"雇用"されるジョブ（用事、目的）だった！

※訳注　上記の気づきからは、より濃厚で触感に変化のあるミルクシェイク開発やセルフサービス販売などの施策が考えられる。また、ミルクシェイクには、子どもに買い与えてやさしい父親気分を味わうという別のジョブもあって、それにはまったく別の対応がとられた。（参考：『ジョブ理論　イノベーションを予測可能にする消費のメカニズム』クリステンセンら共著、ハーパーコリンズ・ジャパン）

なぜミルクシェイクを
買うのかがわかったら、
売上が7倍になった

SALES

7x!

17

よいアイデア
を出す方法

STARTUP MARKETING
ESSENTIALS

マーケティングの肝は「顧客を知る」ことにある。かつて製造業においては、マーケティング部門がマーケットリサーチを行い、最終ユーザーを把握することが求められた。だが、その後に急成長したサービス産業においては、最前線にいる接客スタッフがいかに顧客を観察し顧客満足度や市場シェアの向上につながるアイデアを発想できるか、そして企業が接客スタッフの発想を効果的に生かすことができるかが、競争力の差につながるようになった。そのための仕組みはもちろん必要だが、それ以上に、一人ひとりの社員が「考えながら仕事ができているか」が問われている。人間は考えろと言われても考えようとしないし、よい発想は生まれてこない。情報が手に入り、自由な発言が容認され、マネジメントに参画できる環境に置かれるとエンパワーされ、自然に考えながら仕事をするようになるのである。　　　　　（星野）

よいアイデアを
生み出す方法

この章では、よいアイデアを探して優位性を磨き、それを利益にすることについてまとめた。このシンプルなモデルを完成させるのに、20年を超える時間がかかった。

利益

ライバルに対する
優位性

ここが肝

よいアイデア

ライバルを不要な
存在にする
（ライバルと正面から
ぶつかったとしても）

世界は

退屈なプロダクトで
あふれている

退屈なものを見つけて

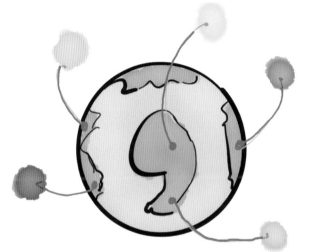

楽しいものにする

REINVENT
再発明しよう
プロダクトの体験も
世の中も

ガソリン補給

退屈

病院の待合室

素晴らしいアイデアを
見つけるための

5 つの方法

WAYS
TO FIND
GREAT
IDEAS

1. 日常の不便や不満を解消する
   周りを見回そう。人々が悩んでいるのはどんなことだろう?

2. 時流に乗る
   今、何がはやっているのだろう? 好奇心を生かそう。

3. 極端な方向に走る
   一番極端なアイデアを考えよう。
   極端なことは、なぜかお金になる。

4. 人気プロダクトを発展させる
   最も人気のあるプロダクトを観察し、その核にあるものを
   見つけ、それを最高にしたり、最も楽しいものにしたりしよ
   う。特徴をさらに際立たせよう。

5. クールなものを探す
   ほかの国でもうかっていることで、自分の国にないものは
   何だろう? それを見つけて、持ち込もう。

よいアイデアかどうかを知る方法
知り合いに試してみる

商品・サービスを見せてみる

ワオ!(うれしい驚き)

ファクター

フォーカスグループの反応を見る

「すごい!」

「いいんじゃない」

0(サイテー)から10(今すぐに欲しい!)までの
点数をつけるとしたら、どのくらい?

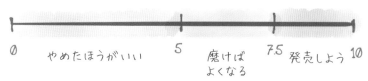

0　やめたほうがいい　5　磨けば　7.5 発売しよう 10
　　　　　　　　　　　　よくなる

フォーカスグループ
実施の順序 → メンバー選別のための質問
（このグループが
ターゲット層を代表するように）
「あなたは〇〇（似たような商品・サービス）を
使っていますか？」

6色の帽子で考える

WHITE
事実を述べる。批判はしない。
質疑応答だけ。

RED
その商品・サービスを買うかどうかを
10段階の点数で評価する。

YELLOW
その商品・サービスのいい点や
メリットを話す。

BLACK
その商品・サービスの欠点を話す。
ここでは批判的になっていい。

GREEN
その商品・サービスを改善する
アイデアを出す。

BLUE
6つの帽子の演習からの学びをまとめる。

新製品についての質問

重要性の
順番

質問は重要性の順

① ほかにないようなものですか？

② 満たされていない大きなニーズがありますか？

③ 特定の領域を独占できますか？

④ 特徴やメリットがひと目でわかりますか？
（例：四角いスイカ）

⑤ その商品・サービスの優位性を
定量的に証明できますか？

面倒さや
不便さ　　→　　人々が口に出す
　　　　　　　　きっかけになる？

君の商品・サービスは
話題のタネになるだろうか？

競争優位の三角形

A
障害
- 不満や不便さの
  解消
- 楽しみを最大にする

B
際立った特徴
- 特徴をさらに極める
- 風変わりさを出す
- ライバルとは
  反対の方向にいく

C
個人的な共感
- ユーモア
- 感情
- チャリティー支援
- 赤ちゃん、子供、ペット

（どんなメッセージを送り、
ブランドを築くか）

この三角がいびつな形になることも
ある。足りない部分を改善し、きれ
いな三角を目指そう。

競争優位の三角形は次の3つの点から成っている。

A: 障害を乗り越える助けになる。

B: 際立った特徴がある。

C: 前向きな心のつながりを生み出せる。

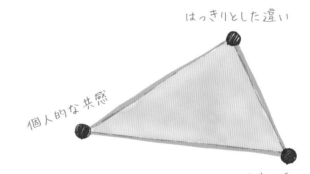

はっきりとした違い

個人的な共感

障害を乗り越える
助けになるプロダクト
またはサービス

差別化の要素

ボトムアップの戦術

➤ **特徴をさらに際立たせる**
「ライバルは安い？
こちらはその半分の値段だ」
よりよい、より速い、より安いを2倍の良さ、
速さ、安さにしよう

➤ **正反対のことをする**
牛乳 ➤ アーモンドミルク「非牛乳」

➤ **風変りを売りにする**
スクワティ・ポティー（トイレの足置き）

体系的発明的思考 (SIT) とは、既存の商品・サービスをもとに5つの異なる思考モデルを使って、これまでにないイノベーションを創り出すテクニックだ。

UPC　独自の商品・サービス価値

牛の糞でできた時計

171

もともと船の側面を
清掃するために
デザインされた

売上

娯楽向け

売上

ジェットパック（水流飛行）はもともと、大型船の側面を清掃するために作られた商品だった。売上は伸び悩んでいた。そこで、このアイデアに独自性を加えて、違う場面での利用を狙った。すると売上はうなぎ上りになった（ダジャレじゃないよ）。

個人的な共感を得ることが大切。後ろ向きな感情を引き出すような商品・サービスにならないように気をつけよう

使い捨て下着

買いたい？
買いたくない？
なぜ？

「これを履くと、気持ちが悪い」

後ろ向きな感情

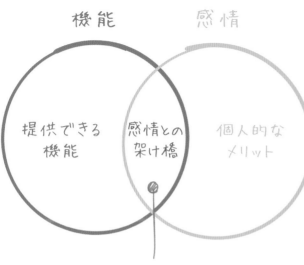

機能　感情

提供できる
機能

感情との
架け橋

個人的な
メリット

機能を売り込むことばかりに力を入れる企業は多
いが、メリットを売り込むほうがはるかに効果的
だ。潜在ユーザーにアイデアを伝え、感情に訴え
て、個人的な共感を得よう。

こっちを売る

こっちじゃない

（機能）

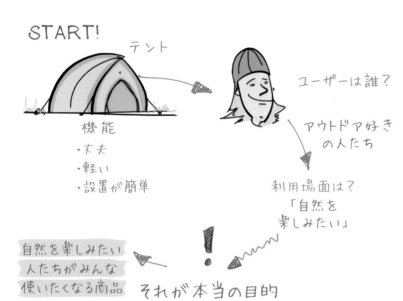

START!

テント

機能
・丈夫
・軽い
・設置が簡単

ユーザーは誰？

アウトドア好き
の人たち

利用場面は？
「自然を
楽しみたい」

自然を楽しみたい
人たちがみんな
使いたくなる商品

！

それが本当の目的

既存の商品・サービスの、異なる場面での従来にない利用法を考えてみよう。あるエプロンの会社は、ユーザーがかわいらしさを強調したいときにエプロンをつけることに気づいた。新しい利用法の発見プロセスは左のようになる。

冒険家向け
360°
外が見えるテント

本当の目的

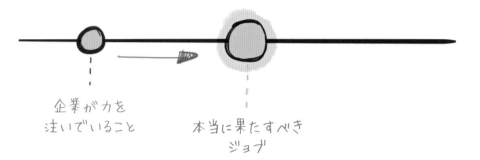

企業が力を
注いでいること

本当に果たすべき
ジョブ

フォーカスグループを使って、本当の目的を発見しよう

ユーザーの多くは、企業が想定したのと違う目的で商品・サービスを利用している。フォーカスグループをおこなって、どんな場面で利用しているかを調べよう。そうすれば、その利用目的で支配的な立場に立つ助けになる。

DISCOVER the SITUATION FIRST
AND IT WILL DETERMINE THE FEATURE SET

まず利用場面を発見しよう
そこから機能が決まる

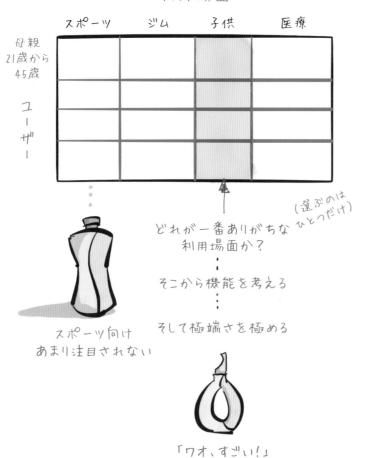

利用場面

	スポーツ	ジム	子供	医療
母親 21歳から 45歳 ユーザー				

どれが一番ありがちな
利用場面か？

（選ぶのは
ひとつだけ）

そこから機能を考える

そして極端さを極める

スポーツ向け
あまり注目されない

「ワオ、すごい！」

プロダクトのアイデアについて、左列にターゲット顧客を並べ、上の行に少なくとも10種類の異なる利用場面を書き出そう。最も利益をもたらしてくれるユーザーと、最もよくある使用場面を見つけ、そこに注目使用。すべてに目を向けたくなる気持ちはわかるが、ひとつだけに集中してほしい。

場面説明

場面説明を書き出すと、どこに力を
集中させたらいいかが見えてくる

＜ターゲット顧客＞は
＜悩みを解決／楽しみを満喫＞したいが、
＜障害＞のせいでそれができない。
＜この商品・サービス＞は
＜価値あるイノベーション＞によって
＜ターゲット顧客＞が
＜障害＞を乗り越えることを助ける。

出口戦略探し

起業前から誰が自分の
会社を買ってくれるかに
目星が付いている

彼らを相談役に
迎えよう

成果と報酬

PERFORMANCE AND INCENTIVES

　「能力」を正しく測定する——それは至難の業である。日本の人事制度は、高度経済成長を支えた年功序列から、成果や能力に応じて報酬が決まる評価制度へと軸足を移した。しかし、どれだけ明確な基準を設けても、その人の能力がどこに当てはまるか評価する段階でなんらかのバイアスが含まれ、その評価結果は百人百様になるのが常である。徹底して正確に評価しようとすれば、本業の仕事をする暇はなくなるだろう。その点、年功序列は「正しい評価」に振り回される手間もかからず、社員にも将来に対する安心感を与えられる、ある意味で優れた制度であった。その時代に再び戻ることはないだろうが、正確に評価することはそもそも不可能であるということを知っておかねばならない。業界や職種によって違いはあるのだろうが、私は、精密でなく大ざっぱに評価し、全体としてフェアさを感じてもらえるという程度が手頃なのではないかと思っている。

(星野)

試合の勝ち数をもとに
インセンティブを与えたら？

勝ち負けは自分にはどうにもできない

「自分の力の及ばないことを、
気にかけても仕方ない」

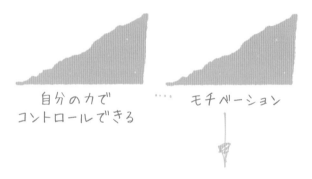

自分の力で
コントロールできる ・・・ モチベーション

インセンティブのもと
モチベーションの問題は、
コントロールの問題かもしれない

アメフトの試合でクオーターバックがタックルされそうに
なったら、ボールを投げるべきか、それとも持ち続けたほう
がいいか？　オーナーはクオーターバックのケガを防ぐため
に投げてほしいが、クオーターバックはパスの成功率を高
めたいからそのまま倒れたがる。どこで折り合いをつけたら
いいのだろう？

プリンシパル＝ エージェント理論

CEO
プリンシパル

社員
エージェント

自己の利益を
最大化
（自分優先）

目標の不一致

エージェンシー問題

プリンシパル＝エージェント理論とは、代理人（エージェント）が自己の利益を最大化するような行動を取りがちだということを指摘するものだ。プリンシパル（当事者）とエージェント（代理人）の目標が一致しないと問題が起きる。

人は最小限の仕事で最大のお金を稼ぎたいというのが現実だ。この章では、企業の目的と社員のモチベーションを一致させるような組織構造やインセンティブを創り出すことについて話そう。

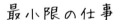 最小限の仕事

 人（ホモ・エコノミクス）は経済合理性にもとづいて行動する

 $

最大限の報酬

経営管理システム

エージェンシー問題があるために存在

インセンティブ

企業の目標

→

BUSINESS
GOALS

組織構造

意思決定権

成果の測定

報酬
システム

この3つのすべてが
そろっていなければならない。
3つとも同じくらい大切

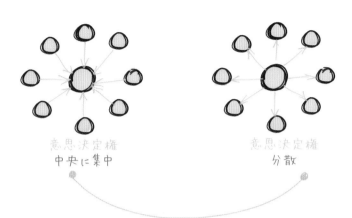

意思決定権
中央に集中

意思決定権
分散

組織を変えるには
成果の測定方法
と
インセンティブ
を変えることが必要

プリンシパル　　　　エージェント

プリンシパルは
エージェントを雇って
自分たちの資産を
管理してもらう

エージェントに
意思決定権がある

Xに基づいて
工場の管理を評価

Xに基づいて
工場の管理を評価

Xに基づいて
工場の管理を評価

決まった縄張りの中でインセンティブを与えても
組織全体の利益にならない

成果の測定

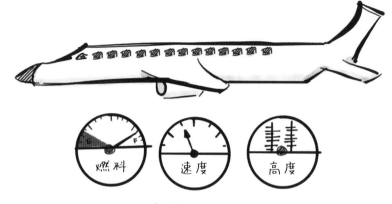

燃料　　速度　　高度

ひとつの測定基準だけに注目してはダメ

バランス・スコアカード

BALANCED

SCORECARD

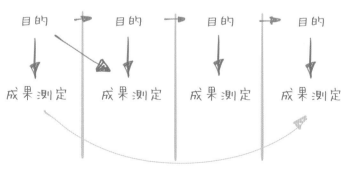

目的　　　　目的　　　　目的　　　　目的

成果測定　　成果測定　　成果測定　　成果測定

行動可能な目標は 測定可能

バランス・スコアカードの 測定例

評価測定そのものが目的にならないように、気をつけよう。たとえば、チームメンバーと一対一の面談をしたかどうかで管理職を評価するとする。その目的はチームメンバーを助けることだが、もし形式的に済ませればいいと思っていれば、面談の質が下がるだけだ。

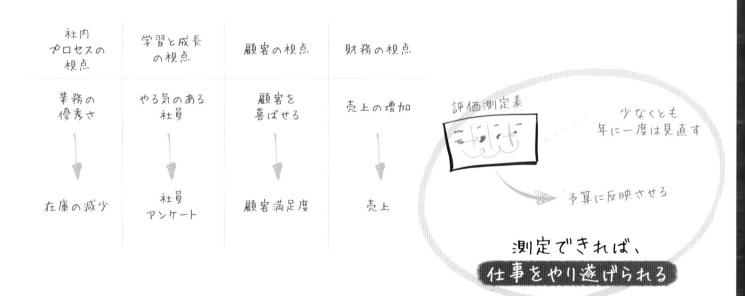

社内 プロセスの 視点	学習と成長 の視点	顧客の視点	財務の視点
業務の 優秀さ	やる気のある 社員	顧客を 喜ばせる	売上の増加
在庫の減少	社員 アンケート	顧客満足度	売上

評価測定表

少なくとも 年に一度は見直す

予算に反映させる

測定できれば、 仕事をやり遂げられる

19 グローバル経営

GLOBAL MANAGEMENT

私たちも直面しているグローバル経営の課題は「ダイバーシティ」だ。日本企業が弱いと感じるのは、価値観の違いを許容することである。民族、性別、宗教、文化の違いを乗り越えて、一緒に働ける組織にしていけるかがポイントとなる。若いうちから国際経験を積む意味でも、海外留学はチャンスがあればぜひ行ってほしい。私自身、コーネル大学でさまざまな国から来た学生たちと学んだり、休暇には家業のヒントを得られないかと米国の四つ星ホテルを泊まり歩いたりしたなかで、得たものは今も生きていると感じる。その地に暮らし、人々と交流してみないとわからないことはたくさんあるからだ。異文化に触れた経験があれば、対応もできるのである。

（星野）

ここでうまくいっていることが

あちらでもうまくいくとは限らない

文化、嗜好、ニーズの違い

グローバル経営とは、商品やサービスを世界中に拡大する一方で、同時に地域のニーズや文化に合わせて、成功の可能性を広げることでもある。

距離感は、地理の遠さだけではない

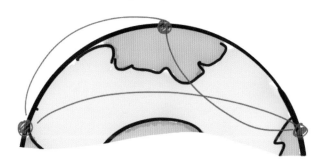

多くの企業が世界中で新しい市場に参入しようと試み、大抵はその市場のニーズや要求に、自分たちの商品・サービスが合わないことに気づく。中国のような成長市場に飛び込みたくなる気持ちはわかるが、人々の態度、行動、期待値、価値観などの文化的な違いを理解するための地道な努力が長期的な成功のカギになる。

CULTURE
文化

態度
行動
期待値
価値観

学習
共有
伝達

現地の人々

CAGE

差異のフレームワーク

距離感とは地理的に離れているというだけではない。国際戦略を考えるとき、落とし穴を避けるのにCAGEのフレームワークが役に立つ。

言語はどう違うだろう？　人種は？　宗教は？
価値観は？　常識は？

文化の違い
CULTURAL DIFFERENCES

国の制度の違い
ADMINISTRATIVE DIFFERENCES

政治的な背景はどう違う？　法制度は？
通過は？

地理の違い
GEOGRAPHIC
DIFFERENCES

物理的にはどのくらい遠いだろう？　時差は？
気候は？

貧富の差はどのくらいあるだろう？　インフラは？　天然資源や経済資源は？

経済的な違い
ECONOMIC
DIFFERENCES

文化	制度	地理	経済

この表に答えを書き込めば、戦略立案と共有の参考になる。この４つの領域を心に留めておけば、これから事業を拡大していくに当たって、将来の多くのトラブルを避けられるだろう。

191

20 すべてを組み合わせる

PUTTING IT ALL TOGETHER

　MBAで学んだ人が成功するなら、世界にはもっと多くの成功者が生まれていていいはずだ。そうなっていないのはなぜだろうか？

　ビジネス理論を学ぶことの意味は、成功の定石を知るということではなく、失敗の可能性を減らすことだと私は考えている。仕事をしていてよいアイデアを発想し、成果が上がるはずだと信じて実行に移そうとする時に、ビジネス理論に当てはめて確認してみる。そうすることで、よいと思われたアイデアの背景にある落とし穴に気づいたり、発想したアイデアをさらに良くなるように修正できる可能性がある。

　私が感じていることは、学んだことを活用していないケースが多いという点だ。私たちは、ビジネス理論は学び知っているのに、自分の経験と直感を信じ過ぎて理論を無視した手を打つ傾向にある。あなたも直感的に行動し失敗する経験をするだろう。その時に教科書通りにやってみることの意義を思い出していただきたい。

（星野）

誰の役に立ちたいかを決める
p. 56-58

すごい！　ここまでたくさんのことを学んだ
ね。新しい事業を始めるに当たって、学ん
だことをどう組み合わせたらいいかを見て
みよう。この章の図が、君自身の起業の旅
に参考になれば幸いだ。

アイデアを考える
p. 35, 40, 96 107, 152-161, 164-166

実験する
p. 34, 40-41

アイデアを裏付ける
p. 35, 61, 109, 167-169

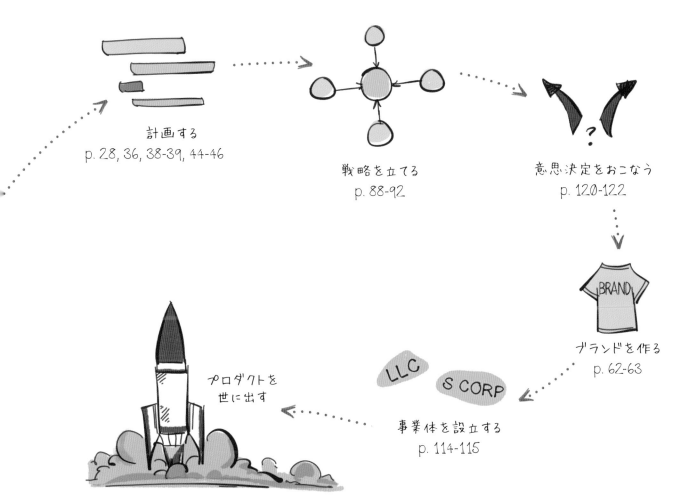

計画する
p. 28, 36, 38-39, 44-46

戦略を立てる
p. 88-92

意思決定をおこなう
p. 120-122

ブランドを作る
p. 62-63

事業体を設立する
p. 114-115

プロダクトを
世に出す

新製品！
NEW!

マーケティング
p. 56-59, 171

評価と診断
p. 22-27

プロダクトとマーケティングを磨く
p. 59-61, 164, 170-172, 174-177

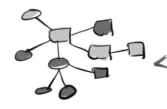

問題を解決する
p. 130-132

リーダーシップ
p. 12-15, 146-149

倫理
p. 100-101

チームを構築する
p. 16-19, 72-73

パフォーマンスを改善する
p. 180-185

社員をつなぎとめる
p. 74-77

変化を管理する
p. 134-141

成長し事業に投資する
p. 35, 61, 109, 167-169

グローバルに拡大する
p. 188-191

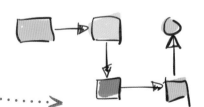

業務を洗練させる
p. 66-69

交渉する
p. 80-85

謝 辞

まずなによりも一番に、驚くほどの忍耐強さで僕を支え続けてくれた美しい妻のジャッキーに心から感謝したい。僕がMBAの勉強をしている間（そしてこの本を制作している間も）、妻は僕をずっと励まし続けてくれ、一度たりとも愚痴をこぼさなかった。しかもその間、5人の子供の面倒を見てくれていた。

それから、素晴らしいクラスメイトたちに礼を言いたい。僕は彼らから多くを学び、一生の友達になった。

僕のMBA体験を難しくもやりがいのあるものにしてくれた一流の教授陣にも、心から感謝している。カーティス・ルバロンとマイケル・トンプソン（リーダーシップ）、ジム・スタイス（企業財務と報告）、ナイル・ハッチ（起業家的経営、創造性とイノベーション）、モンテ・スウェイン（管理会計）、コルビー・ライト（企業財務）、グレン・クリステンセンとマイケル・スウェンソン（マーケティング）、ダニエル・スノーとシンディ・ウェリン（経営管理）、ジョン・ビンガムとピーター・マドセン（戦略的人事管理）、マーク・ハンセン（戦略、戦略的思考）、ブルース・マネー（交渉、グローバル経営）、ブラッド・アングル（企業倫理）、ジム・ブロー（起業家的財務）、ビル・テイラーとダグ・プラウィット（判断と意思決定）、ポール・ゴドフリー（経営者の役割）、ギャリー・ローズとデビッド・ウィトラーク（スタートアップのマーケティングの基本）、そして最後にスティーブ・スミスとビル・テイラー（業績とインセンティブ）に礼を言いたい。

友人のベン・モリスは僕にスケッチノートという手法を紹介してくれた。母のフェイスはどんな小さな取り組みでも全力を尽くすことを教えてくれた。また弟のマットはフィードバックと支援を与えてくれた。とても感謝している。そして、エージェントのデビッド・フゲイトとホートン・ミフリン・ハーコートの最高のチームに、心から礼を言う。

MBAと聞くと、難解な専門用語を操る経営コンサルタントを思い浮かべる方もいるかもしれません。この敷居の高そうなMBAとは、一体何でしょう?

MBAを日本語に直すと「経営学の修士号」。では、「経営学」とはどんな学問で、これを学ぶとどんないいことがあるのでしょうか? 経営学とはその名の通り、事業経営に必要なさまざまな側面を分析し、成功と失敗の法則を導き出そうとする学問です。経営に必要な側面とは、たとえば財務、会計、マーケティング、生産管理、人事、戦略といったもの。外国語と同じで、それぞれの分野には専門の言葉があり、文法が存在します。言葉を知り、文法を知ることで、先人が築いてくれたフレームワーク、つまり経営における共通言語が理解できるようになるのです。MBAを取得することとはすなわち、経営における共通言語であるフレームワークを学び、経営上の問題解決に役立てることでもあります。

本書『The Visual MBA』は、本来なら2年という時間と数万ドルの学費を支払わなければ習得できないはずの経営に関わるさまざまなフレームワークを、イラストにして誰にでもわかるように解説した入門書です。MBAは敷居が高いと感じている方、ビジネスや経営について学びたいけれどどこから入っていいかわからない方、あるいは起業に当たってひととおり経営のコンセプトを知っておきたい方にはぴったりです。さらに上を目指したい方は、まずこの本で経営の基本の語彙と文法をおさらいし、実際にMBAを取得するために進学してもいいでしょうし、ほ

かの経営書でさらに学びを深めることも可能です。

ではフレームワークを知ると、どんないいことがあるのでしょうか?

まず、複雑な情報を単純化してくれるので、思考の時間が短縮されます。どこに問題があるのかを整理し、思考のとっかかりを作ってくれるのもフレームワークです。そして、フレームワークはビジネスの共通言語なので、これを使うことでコミュニケーションの時間も節約でき、すばやく共通の認識を持つこともできます。そして何より、フレームワークは過去の失敗と成功のパターンから生まれたものなので、よくある経営の落とし穴に陥ることを避けるひとつの手助けになるのです。

実は私が卒業したハーバード・ビジネス・スクールでは、このフレームワークを直接的に教えてはくれません。膨大な事例研究を読み、議論を戦わせることを通して、自分なりの問題解決の作法を見出していく訓練を施されます。ですが、たくさんのリアルな成功と失敗の事例の中から浮かび上がってくる問題解決の作法は、すでに先人が見つけ形にしたもの、つまりフレームワークに基づくものだということに、あとになって気づかされました。

読者の皆さんがこの本でお金と時間を節約しながら、ビジネスの共通言語を学ぶための入り口をくぐることができれば、翻訳者としてこれほどうれしいことはありません。

2020年6月

関　美和

参 考 文 献

Chapter 1

1. Ulrich, Dave, and Norm Smallwood. "Building a Leadership Brand." Harvard Business Review (July-August 2007).
2. Ulrich, Dave, and Norm Smallwood. "Five Steps to Building Your Personal Leadership Brand." Harvard Business Review (December 2007).
3. Goman, Carol K. "Seven Seconds to Make a First Impression." Forbes (February 2011). https://www.forbes.com/sites/carolkinseygoman/2011/02/13/seven-sec onds-to-make-a-first-impression/#4d31f1dd2722
4. 『モチベーション3.0 持続する「やる気!」をいかに引き出すか』(ダニエル・ピンク著、大前研一訳、講談社、2010年7月)Pink, Daniel H. "Drive: The Surprising Truth About What Motivates Us." Riverhead Books, 2009.
5. Lindquist, Rusty. "Finding Your Own Personal Sweet Spot." Life Engineering blog (August 2008). https://life.engineering/finding-your-own-personal-sweet-spot/
6. Professor Sumantra Ghoshal. Speech at World Economic Forum in Davos, Switzerland (n.d.). https://www.youtube.com/watch?v=UUddgE8rl0E
7. Schwartz, Tony, and Catherine McCarthy. "Manage Your Energy, Not Your Time." Harvard Business Review (October 2007).
8. Dyer, William G., W. Gibb Dyer, Jr., and Jeffrey H. Dyer. Team Building: Proven Strategies for Improving Team Performance (4th ed.). San Francisco: Jossey- Bass, 2007.

Chapter 3

1. Ideo. "How to Prototype a New Business." Blog entry. https://www.ideou.com/ blogs/inspiration/how-to-prototype-a-new-business.
2. Mankin, Eric. "Can You Spot the Sure Winner?" Harvard Business Review (July 2004).
3. 『iPodは何を変えたのか?』(スティーブン・レヴィ著、上浦倫人訳、ソフトバンク クリエイティブ、2007年3月)Levy, Steven. "The Perfect Thing: How the iPod Shuffles Commerce, Culture, and Coolness" Simon & Schuster, 2007.
4. https://dschool.stanford.edu/resources

Chapter 4

1. Monte Swain. "The Management Process." In "Management Accounting and Cost Concepts," Chapter 15 in W. Steve Albrecht et al., Accounting: Concepts and Applications. Boston: Cengage Learning, 2007.

Chapter 6

1. Reynolds, Thomas J., and Jonathan Gutman. "Laddering Theory, Method, Anal- ysis, and Interpretation." Journal of Advertising Research (February/March 1988).
2. Sinek, Simon. "How Great Leaders Inspire Action." TED Talk given in Puget Sound, Washington, September 2009. https://www.ted.com/talks/simon_ sinek_how_great_leaders_inspire_action

Chapter 7

1. Gray, Ann E., and James Leonard. "Process Fundamentals." Harvard Business School Background Note 696–023, September 1995. (Revised July 2016.)

Chapter 8

1. Hackman, J. Richard, and Greg R. Oldham. (1975.) "Development of

the Job Di- agnostic Survey." Journal of Applied Psychology 60, (2): 159-170.

2. Herzberg, Frederick. "The Motivation-Hygiene Concept and Problems of Man- power." Personnel Administrator 27 (January-February 1964): 3-7.

3. Dyer, William G., W. Gibb Dyer, Jr., and Jeffrey H. Dyer. Team Building: Proven Strategies for Improving Team Performance (4th ed.). San Francisco: Jossey- Bass, 2007.

Chapter 9

1. Forsyth, D. R. Group Dynamics. Belmont, MA: Wadsworth, Cengage Learning, 2010, 2006.

2. 『ハーバード流交渉術』（ロジャー・フィッシャー、ブルース・パットン、ウィリアム・ユーリー著　金山宣夫、浅井和子訳、阪急コミュニケーションズ、1998年3月）Fisher, Roger, Bruce Patton, and William Ury. "Getting to Yes: Negotiating Agreement Without Giving In. Rev. ed." Penguin Books, 2011.

3. 『ウォートン流　人生のすべてにおいてもっとトクをする新しい交渉術』（スチュアート・ダイアモンド著、櫻井祐子訳、集英社、2012年8月）Diamond, Stuart. "Getting More: How You Can Negotiate to Succeed in Work and Life." Crown Business, 2012.

Chapter 10

1. Porter, Michael. "How Competitive Forces Shape Strategy." Harvard Business Review (March 1979).

2. Porter, Michael. "What Is Strategy." Harvard Business Review (November/De- cember 1996).

3. Barney, J. B., and W. S. Hesterly. "VRIO Framework." In Strategic Management and Competitive Advantage. Upper Saddle River, NJ: Pearson, 2010, pp. 68-86.

4. 『ブルー・オーシャン戦略　競争のない世界を創造する』（W・チャン・キム、レネ・モボルニュ著、有賀裕子訳、ランダムハウス講談社、2005年6月）Kim, W. C., and R. Mauborgne. "Blue Ocean Strategy: How to Create Uncon- tested Market Space and Make the Competition Irrelevant." Harvard Business Review Press, 2005.

Chapter 12

1. 『イノベーションと起業家精神』（エッセンシャル版、PFドラッカー著　上田惇生訳、ダイヤモンド社、2015年12月）Drucker, Peter F. "Innovation and Entrepreneurship." HarperBusiness, 2006.

Chapter 13

1. 『意思決定アプローチ　分析と決断』（ジョン・S・ハモンド、ラルフ・L・キーニー、ハワード・ライファ著、小林龍司訳、ダイヤモンド社、1999年7月）Hammond, John S., Ralph L. Keeney, and Howard Raiffa. "Smart Choices: A Practical Guide to Making Better Decisions." Harvard Business Review Press, 2015.

2. 『ファスト＆スロー』（ダニエル・カーネマン著、村井章子訳、早川書房、2014年6月）Kahneman, Daniel. "Thinking, Fast and Slow." Farrar, Straus and Giroux, 2013.

3. Tversky, Amos; Kahneman, Daniel (1973). "Availability: A heuristic for judging frequency and probability." Cognitive Psychology 5 (2): 207-232.

4. Kahneman, Daniel; Tversky, Amos (1972). "Subjective probability: A judgment of representativeness." Cognitive Psychology 3 (3): 430-454.

5. Kahneman, Daniel; Tversky, Amos (1979). "Prospect Theory: An Analysis of De- cision under Risk." Econometrica 47 (2): 263.

6. Tversky, A.; Kahneman, D. (1974). "Judgment under Uncertainty: Heuristics and Biases." Science 185 (4157): 1124-1131.

7. Lichtenstein, Sarah; Fischhoff, Baruch; Phillips, Lawrence D.

"Calibration of probabilities: The state of the art to 1980." In Kahneman, Daniel; Slovic, Paul; Tversky, Amos. Judgment Under Uncertainty: Heuristics and Biases. Cam- bridge, U.K.: Cambridge University Press, 1982, pp. 306–334.

8. Kunda, Z. (1990.) "The case for motivated reasoning." Psychological Bulletin 108 (3), 480–498.

Chapter 14

1. Doran, G. T. (1981.) "There's a S.M.A.R.T. way to write management's goals and objectives." Management Review, AMA FORUM 70 (11): 35–36.

2. Lewin, Kurt. (1947.) "Frontiers in Group Dynamics: Concept, Method and Real- ity in Social Science; Social Equilibria and Social Change." Human Relations 1: 5–41.

3. 『トランジション マネジメント　組織の転機を活かすために』（ウィリアム・ブリッジズ、スーザン・ブリッジズ著、井上麻衣訳、パンローリング、2017年11月）Bridges, William. "Managing Transitions." Nicholas Brealey Publishing, 2009.

Chapter 16

1. Ainsworth-Land, George T., and Beth Jarman. Breakpoint and Beyond: Master- ing the Future — Today. Champaign, IL: HarperBusiness, 1992.

2. Gray, Dave, Sunni Brown, and James Macanufo. Gamestorming. Sebastopol, CA: O'Reilly Media, 2010.

3. "The hunt is on for the Renaissance Man of computing," in The Independent, September 17, 1991.

4. Created by Ginadi Filkovsky, Jacob Goldenberg, and Roni Horowitz.

5. Michael Lee, http://mldworldwide.com.

6. Clayton Christensen et al. "Know Your Customers' "Jobs to be Done.""" Harvard Business Review (September 2016).

Chapter 17

1. 『6つの帽子思考法－視点を変えると会議も変わる』（エドワード・デ・ボーノ著、川本英明訳、パンローリング、2015年12月）de Bono, Edward. Six Thinking Hats: An Essential Approach to Business Man- agement. Boston: Little, Brown & Company, 1985.

Chapter 18

1. Eisenhardt, K. (1989.) "Agency theory: An assessment and review." Academy of Management Review 14 (1): 57–74.

2. Gupta, Mahendra R., Antonio Davila, and Richard J. Palmer. https://olin.wustl. edu/EN-US/Faculty-Research/research/Pages/performance-effects-organiza tional-architecture.aspx

3. 『バランス・スコアカードー新しい経営指標による企業変革』（ロバート・S・キャプラン、デビッド・P・ノートン著、吉川武男訳、生産性出版、1997年12月）Kaplan, Robert S; Norton, D. P. "The Balanced Scorecard: Translating Strategy into Action." Harvard Business Review Press, 1996.

Chapter 19

1. Framework created by Pankaj Ghemawat, http://www.ghemawat.com/.

［著者］

ジェイソン・バロン（Jason Barron）

イノベーションとプロダクト戦略に特化したクリエイティブリーダーであり、イラストレーターでもある。ブリガム・ヤング大学でMBA取得。スケッチをしたり、妻や5人の子供たちと過ごす以外の時間は、写真を撮ったり、さまざまな創作や新しいアイデアの創造をしている。

［監訳］

星野佳路（ほしの・よしはる）

株式会社星野リゾート代表。1960年長野県軽井沢生まれ。慶應義塾大学経済学部を卒業後、米国コーネル大学ホテル経営大学院修士課程を修了。帰国後、91年に先代の跡を継いで星野温泉旅館（現星野リゾート）代表に就任。以後、経営破綻したリゾートホテルや温泉旅館の再生に取り組みつつ、「星のや」「界」「リゾナーレ」「OMO（おも）」「BEB（ベブ）」などの施設を運営する"リゾートの革命児"。2003年には国土交通省の観光カリスマに選出された。

［訳者］

関　美和（せき・みわ）

翻訳家。杏林大学准教授。慶應義塾大学卒業後、電通、スミス・バーニー勤務を経て、ハーバード・ビジネス・スクールでMBA取得。モルガン・スタンレー投資銀行を経て、クレイ・フィンレイ投資顧問東京支店長を務める。主な訳書に『誰が音楽をタダにした？』（ハヤカワ文庫NF）、『MAKERS 21世紀の産業革命が始まる』『ゼロ・トゥ・ワン　君はゼロから何を生み出せるか』（NHK出版）、『FACTFULNESS　10の思い込みを乗り越え、データを基に世界を正しく見る習慣』（共訳、日経BP）、『父が娘に語る 美しく、深く、壮大で、とんでもなくわかりやすい経済の話。』（ダイヤモンド社）など。

イラストレーターが名門カレッジ2年間の講義をまとめた

The Visual MBA
——経営学の要点を学べるスケッチノート

2020年8月5日　第1刷発行

著　者──ジェイソン・バロン
監訳者──星野佳路
訳　者──関　美和
発行所──ダイヤモンド社
　　　　〒150-8409　東京都渋谷区神宮前6-12-17
　　　　https://www.diamond.co.jp/
　　　　電話／03・5778・7233（編集）　03・5778・7240（販売）

ブックデザイン──上坊菜々子
校正───────聚珍社
製作進行─────ダイヤモンド・グラフィック社
印刷───────勇進印刷
製本───────ブックアート
編集担当─────柴田むつみ